Wir setzen Lesezeichen

Wir setzen Lesezeichen

55 Liebeserklärungen an das Buch

Herausgegeben von
Tobias Mayer und Gerhard Zach

HERDER

FREIBURG · BASEL · WIEN

Umschlaggestaltung: Verlag Herder
Umschlagmotiv: © Buchhandlung Herder, Wien

Satz: ZeroSoft
Herstellung: GGP Media GmbH, Pößneck

Illustrationen: Wolfgang Hartl, Edition 5Haus

Printed in Germany

ISBN Print 978-3-451-03463-3
ISBN E-Book 978-3-451-83586-5

Inhalt

Auftakt des Verlegers

1798 verlegte unser Gründer, mein Urururgroßvater Bartholomä Herder die ersten Bücher und beteiligte sich an einer Buchhandlung. Damit begann eine Verlags- und Buchhandelsgeschichte, die bis heute und in die Zukunft reicht.

»Es ist kein Zufall, dass sich wichtige Dokumente zur Frühgeschichte des Verlages Herder gerade in Wien befinden«, lautet der erste Satz in dem Kapitel »Zur Geschichte von Herder in Wien« im Jubiläumsband von 1961 und fährt etwas weiter unten fort: »denn schon Bartholomäus Herder, geboren 1774 in der Freien Reichsstadt Rottweil, (…) hatte zahlreiche Beziehungen zum habsburgischen Österreich und seiner Metropole an der Donau. Ja, er wollte sich sogar in Wien sesshaft machen, wie aus den erwähnten Schriftstücken hervorgeht (…). So wandte er sich denn vertrauensvoll mit einem warmen Empfehlungsschreiben (…) an den Wiener Erzbischof Sigismund Grafen Hohwart, der ihm gewiss manche Wege geebnet hat.« Nach Wien zog es Bartholomä Herder vermutlich auch wegen des Wiener Kongresses, der eine große Kontaktbörse gewesen sein dürfte.

Aus dem 2023 erschienenen Band *Was kommt. Was geht. Was bleibt* lernen wir, dass Bartholomä Herder während des Wiener Kongress im Bürgerspital, 1. Hof, 1. Stiege, 4. Stock, Nr. 8., wohnte.

Aus einem Sonderdruck des *Anzeigers* des österreichischen Buchhandels vom Juni 1986 erfahren wir: »Eigentlich wollte Herder sich schon 1815 (…) in Wien niederlassen, aber die politischen Ereignisse durchkreuzten die Pläne (…). Er hatte bereits einen Gesellschaftsvertrag mit dem Wiener Buchhändler Gräffer geschlossen und wollte gerade beim damaligen Buchhändlerverband vorstellig werden, als es Napoleon gelang, seinen Verbannungsort Elba zu verlassen und die Herrschaft der 100 Tage anzutreten. Die alliierte Armee zog nun gen Paris, und (…) Herder erhielt durch ein von Metternich höchst eigenständig unterschriebenes Dokument den Auftrag, (…) im Gefolge der Truppen eine Feldzeitung herauszugeben. (…) Die Wiener Pläne mussten zurückgestellt werden (…) und das k.k. nö. Mercantil- und Wechselgericht löschte die Firma im dortigen Mercantilprotokoll.« Es folgten die Reisen des Bartholomä Herder von Wien bis nach Paris und die Veröffentlichung des Sieges von Waterloo in seiner Feldzeitung. Auch wenn er weiterhin immer wieder in Wien war, so gelang es erst seinem Sohn Benjamin Herder, dauerhaft eine eigene Verlagsbuchhandlung in Wien zu eröffnen. »Zwar bestanden in der Zwischenzeit viele Beziehungen des Freiburger Verlags (Herder) zu Österreich, vor allem durch österreichische Autoren (…). 1886 fasste Herder in der Person von Benjamin Herder in Wien wieder Fuß und richtete in der Wollzeile 33 die Firma ›B. Herders Verlag- Buch und Kunsthandlung‹ ein. Hier hat seither Herder seinen Sitz und hat (…) in der österreichischen Buchhandels- und Kulturlandschaft feste Wurzeln geschlagen. (…) Aus der ursprünglichen Zweigniederlassung entwickelte sich ein österreichisches Unternehmen, das für das Stammhaus in Freiburg nicht nur Nehmender, sondern auch Gebender war.«

Das ist nicht nur heute noch so, sondern es soll auch in Zukunft so bleiben, und damit sind wir mitten im Thema und beim Anlass dieser Publikation. Im April des Jahres 2004 übernahm der langjährige Geschäftsleiter der Buchhandlung, Gerhard Zach, diese als eigenständiger Unternehmer. Er hatte mit seinem Bruder die Zach-Buch GmbH gegründet und übernahm die Herder Buchhandlung in der Wollzeile auf eigenes Risiko. Das Verlagshaus Herder übernahm die Rolle des Vermieters, Lieferanten und Namensgebers. Gerhard Zach ist Theologe und Buchhändler aus Leidenschaft. Mit

Büchertischen, Veranstaltungen und einem bestens ausgewählten Sortiment gelang es ihm, die Herder-Buchhandlung in einem rückläufigen Markt zu behaupten und wachsen zu lassen. Nun, zwanzig Jahre später, gibt er die Staffel weiter an seinen langjährigen Mitarbeiter Tobias Mayer, einen Theologen und Literaturwissenschaftler. Dieser hat zu diesem Zweck die Mayer-Buch GmbH gegründet, übernahm im Juli 2024 die Buchhandlung von Gerhard Zach und erhielt von Herder den Mietvertrag und das Recht, die Herder-Buchhandlung in Wien zu führen.

Mein Vater, der Verleger Hermann Herder, verbrachte viel Zeit in Wien. Er pflegte mir zu sagen: »Den Zach musst du dir merken. Der ist gut.« Er sollte recht behalten. Heute spreche ich Gerhard Zach im Namen des Hauses Herder meinen herzlichen Dank und unsere Glückwünsche zu seinen unternehmerischen und buchhändlerischen Erfolgen aus.

Tobias Mayer ist Doktor der Theologie und Buchhändler. Ich freue mich, dass er den Mut hat, in unserer digitalen Zeit eine klassische Buchhandlung zu übernehmen. Ich freue mich, dass er das Lebenswerk von Gerhard Zach übernimmt und gemeinsam mit seinen Kolleginnen und Kollegen, gemeinsam mit dem Verlagshaus Herder und gemeinsam mit Ihnen, verehrte Leserinnen und Leser, die Geschichte der Buchhandlung Herder in Wien in die Zukunft führen will.

Ad multos annos Libraria Herder Viennae

Manuel Herder

Literatur:

75 Jahre Verlag und Buchhandlung Herder in Wien 1886–1961. Herder & Co. Wien 1961

Manuel Herder (Hg.), Was kommt. Was geht. Was bleibt. Herder, Freiburg, Basel, Wien 2023

Sonderdruck. Anzeiger des österreichischen Buchhandels Nr. 12, Mitte Juni 1986

55 Liebeserklärungen

1   Hubert Arnim-Ellissen
Fluchtroute Buch

Meine Fluchtroute aus dem Elend pubertärer Einsamkeit habe ich auf der Burg Forchtenstein im Burgenland gefunden: Damals, Anfang der 1970er Jahre, erlebte ich das erste Mal den wunderbaren und blutjungen Klaus Maria Brandauer in der Rolle des Rustan in Grillparzers *Der Traum ein Leben*. Während der nächtlichen Heimfahrt im Schulbus dachte ich an meine Träume, die mir das Leben hinter den Mauern des Internats bereicherten. Gespeist wurden sie aus den Büchern, die ich tagsüber und nächtens heimlich mit der Taschenlampe unter der Bettdecke verschlang: *Die Verwirrungen des Zöglings Törleß*, *Peter Camenzind*, *Unterm Rad*, *Narziß und Goldmund*, *Buddenbrooks*, *Die Kraft und die Herrlichkeit*, *Die Stunde der Komödianten*, *Komödien der Erotik* – ja, Robert Musil, Hermann Hesse, Thomas Mann, Graham Greene, das waren damals meine Tore zu Abenteuern im Kopf, mehr war nicht drin. Abenteuerlich war's, an diese Bücher ranzukommen, denn für jede Klasse gab es zwei Bücherkästen in der Bibliothek mit ausgewählter und folglich uninteressanter Literatur. Ein Oberstufenschüler versorgte mich mit der verbotenen Literatur. *Fahrenheit 451* wurde wenig später mein Lieblingsfilm, in dem ich mein Schicksal wiederfand – noch später dann *If …* und *Clockwork Orange*. Jules Verne, Karl May, Erich Kästner, Daniel Defoe hatte ich in den Volksschuljahren als Vorlage für unsere Lausbubenstreiche gelesen, und Bücher blieben meine treuen Begleiter durch die Irrwege des Lebens. Natürlich durften in der Oberstufe Jean-Paul Sartre und Albert Camus nicht fehlen, und wenn's romantisch wurde, musste auch Rainer Maria Rilke herhalten. Damals, auf der Fahrt von Forchtenstein hinter die Mauern, wurde mir

bewusst, dass ich in den Büchern so etwas wie meine Fluchtroute aus dem eingeengten Leben gefunden hatte. Die Route
in die Freiheit. Die Autoren waren meine Fluchthelfer und
sind es geblieben: Wenn's eng wird mit den Perspektiven, den
Harmonien, dem Horizont, dann weisen Bücher die Fluchtroute zu neuen Ideen, Ansätzen, Ermutigungen und zuweilen auch nur zu Fantasien. Aus der Fantasie schlüpft die Kreativität und flattert in eine neue Zukunft, in eine andere Welt.

Später wurden die Autoren »g'scheiter«, wenigstens die Autoren. Was blieb, war der Hang, zumindest im Kopf im Widerstand zu leben: Karl Rahners *Grundkurs des Glaubens* fand sein
Gegengewicht in Michel Foucaults *Wahnsinn und Gesellschaft*,
Manès Sperbers *Wie eine Träne im Ozean*, Robert Musil, Elias Canetti – in sechzig Jahren Leserei kommt schon viel zusammen, von Kurt Helds *Die rote Zora und ihre Bande* bis zu
Haruki Murakamis *Die Stadt und ihre ungewisse Mauer*. Dieser
japanische Autor, der stets am Nobelpreis für Literatur vorbei-
schrammt, hat ein Tor zu diesen Welten aufgestoßen. In seinen
Erzählungen laufen Menschen durch ihr ganz normales Leben,
unscheinbar, durch und durch gewöhnlich - dann passiert stets
das Außergewöhnliche und stellt alles auf den Kopf. Mit einem Schlag bin ich in Wirklichkeiten, die es nicht gibt und die
doch so möglich erscheinen. Erlebe ich nicht selbst die Dop-
pelbödigkeit meiner Existenz und bin ihr bisher nur nicht ge-
wahr geworden? Paul Auster oder Philipp Roth bringen mich
wieder auf die Erde der vergebenen Chancen zurück. Selbst
ein langweiliger Chronist der eigenen Erbärmlichkeit, wie der
Amerikaner Philipp Roth in etlichen seiner Werke reflektiert,
wirbelt den Staub auf und legt neue Fährten, wie das Leben
vielleicht doch etwas kreativer gestaltet werden könnte.

Jo mei, so viele Wegbegleiter und Fluchthelfer bleiben
ungenannt und haben doch den Weg freigemacht, in diesem kleinen, kurzen Leben unendlich viele Pfade durch den

Dschungel zu schlagen. Der Traum ein Leben – viele Träume in diesem Leben, manche Sehnsüchte und Hoffnungen wurden wahr. Und werden sie enttäuscht, dann helfen die Fluchthelfer, neue Wege zu finden, die Hoffnung auf Verwirklichung wecken.

2 Ursula Baatz
Die Welt hinter dem Gedruckten

Bücher faszinieren mich länger, als ich denken kann; genauer: länger als meine aktive Erinnerung reicht. Eines meiner allerersten Worte sei »blibloatek« gewesen, Bibliothek, erzählten die Eltern. In dem Jahr nach meiner Geburt schrieb mein Vater seine Dissertation, und so habe ich wohl im Kinderwagen oder in der Babytrage das erste Mal die besondere Atmosphäre der Bücher geschnuppert, wenn er mich beim Gang zur Leihstelle der Wiener Universitätsbibliothek mitnahm. Bald bekam ich dann kleine Pixi-Bücher, mit einem abwaschbaren, glatten und bunten Einband und vielen Bildern und wenig Buchstaben. Trotzdem wirkte der Zauber. Schon wenn ich die Büchlein in der Hand hielt, spürte ich die weite Welt, die sich erschloss, wenn man das Deckblatt öffnete. Dann lernte ich lesen und schreiben, und in den Sommerferien fand ich in Bücherkästen meiner Großmutter Bücher mit Buchstaben, die anders aussahen als die gerade in der Schule erlernten. Wissbegierig und neugierig auf die Welten, die sich in diesen Büchern eröffnen würden, lernte ich rasch, die alte Frakturschrift zu lesen. Ich las viel und rasch und war gierig nach immer neuen Büchern – Märchenbüchern, später Karl May, Science-Fiction, noch später zeitgenössische Literatur aus der Schulbibliothek. Ich hatte das Privileg, mehrmals in der Woche Bücher ausborgen zu dürfen, allerdings musste ich die ausgelesenen Werke vorher zurückgeben. Doch ging es ja nicht um den physischen Besitz der Bände, sondern um den Eintritt in immer neue Welten.

Buchstaben ziehen meine Augen an: Geschriebenes, Gedrucktes, Bücher. Blätter, gebunden in Leinen oder billige Kartonage mit bunt bedrucktem Deckel, Worte, eine Einladung, das Buch zu öffnen, Blätter mit weißem Rand um schwarze Buchstaben, dazwischen weiß gebliebene Zwischenräume, die erst ermöglichen, die Worte zu lesen. Erst das, was nicht da ist, lässt die Bedeutung dessen, was da ist, nämlich die Bedeutung der Buchstabenfolgen, erkennen. Eine Einladung, die zugleich eine Art Hindernis bildet: Nur wer die Buchstaben lesen kann und die Bedeutung der Worte versteht, kann der Einladung des Buchs folgen, in die Welt hinter dem Gedruckten einzutreten. Diese Welt entsteht im Lesen – Bewegungen der Augen, Vorstellungen und innere Bilder, die den Körper von innen her bewegen. Dies ist der große Unterschied zwischen Bücherlesen und Filmeanschauen: Beim Lesen herrscht große Freiheit, wie die Bedeutung der Worte in innere Bilder, innere Welten umgesetzt und ausgestaltet wird. Auch der Film nimmt das innere Milieu in Beschlag, doch zugleich versetzt das Kino die Zuschauenden außer sich. Im Lesen taucht man selbst in eine Geschichte ein und wird leibhaftig Teil davon, sodass in einer Art kontemplativer Haltung die Grenze zwischen Innen und Außen verschwimmt.

Genau genommen las ich als Kind die Bücher nicht, sondern verzehrte sie und nahm sie in mich auf – oder nahmen die Bücher mich in sich auf? So genau ließ sich das nicht unterscheiden. Die Welten, die sich durch die Buchstaben, durch die Worte auftaten, waren nicht getrennt von mir. Sie fanden in mir statt und waren doch zugleich außerhalb von mir. Ich konnte in diese Welten verschwinden, so konnte ich etwa auf einem Floß sitzen, das langsam den Fluss hinuntertreibt, mit Puh dem Bären sprechen und mit ihm gemeinsam Abenteuer erleben. Oder auch hören, wie Pflanzen, wie Blumen miteinander sprechen. Mit den Blumen sprechen konnte auch Kasperle, der von der Kasperle-Insel ausgerissen war, zu der er wieder zurückkehren wollte. An die physische Gestalt der Kasperle-Bücher von Jose-

phine Siebe kann ich mich gut erinnern: Sie waren etwas
gewichtig, mit ausgeprägten Ecken und buntem Einband.
Ich durfte sie mir von meiner Mutter ausborgen. Aus leicht
gelbstichigen Seiten mit schwarzen Scherenschnitten ent-
stiegen Geschichten, an denen ich atemlos teilnahm. Andere Bücher waren hinter Glasscheiben im Bücherkasten des
Arbeitszimmers untergebracht, und ich musste fragen, wenn
ich eines dieser Bücher lesen wollte. In der Zwischenzeit
muss ich nicht mehr fragen – und habe oft auch mehr Abstand zu dem, was ich lese oder lesen muss.

Respekt vor Büchern war selbstverständlich: Weder durften sie als Wurfgeschoße verwendet werden, noch sollten sie
am Boden herumliegen; zu vermeiden waren Eselsohren und
Wasserflecken, und als sich einmal doch ein Fettfleck auf einer Buchseite breitgemacht hatte, wurde der Fleck vorsichtig
mit Meerschaumstaub, Sepiolith, bedeckt. Am nächsten Morgen war er verschwunden.

Vieles, was ich als Kind im Umgang mit Büchern erlebt
und gelernt hatte, fand ich später bei der Beschäftigung mit
Religionen als Religionswissenschaftlerin und Philosophin
wieder. In den Religionen der Achsenzeit und danach wird
heiligen Büchern tiefer Respekt gezollt. Die Rollen der
Thora – der hebräischen Bibel – werden in kostbare Hüllen
gekleidet und besonders verehrt, und wenn sie unbrauch-
bar geworden sind, werden sie feierlich bestattet. Als einmal
bei einem interreligiösen Seminar jemand die (christliche)
Bibel auf den Boden legte, hob die muslimische Theologin
das Buch behutsam auf und legte es auf einen besonderen
Platz. So ein Buch wie die Bibel oder den Koran kann man
doch nicht einfach auf den Boden legen, sagte sie mit eini-
gem Nachdruck. Bei Gottesdiensten der Sikh – einer Religion, die aus der Verbindung von islamischer und hinduisti-
scher Mystik entstanden ist – wird das heilige Buch wie ein

Mensch behandelt: Es hat eine Art Thron, und unentwegt wird ihm mit großen Fächern Luft zugewedelt.

Jedoch die Zeiten scheinen sich zu ändern. Die physische Präsenz der Bücher, natürlich auch der heiligen Bücher, und was damit verbunden ist, verschwindet in deren elektronischen Versionen. Das Internet als großes Reservoir aller möglichen Vorstellungswelten lässt zwar alles erscheinen, doch nur virtuell, als Möglichkeit, die mit Tastendruck ins Nichts der elektromagnetischen Gleichgültigkeit gebracht werden kann. KI-Entwickler wiederum sehen real existierende Bücher nur als Füll- und Übungsmaterial für die Zufallsgeneratoren ihrer »stochastischen Papageien«.

Doch ist das Bücherlesen damit nicht erledigt. Der digitalen Ablenkungen überdrüssig, laden mittlerweile junge Leute zu »silent reading parties«, um das kontemplative, auf Ruhe und Versenkung beruhende Lesevergnügen neu zu erfahren und zu beleben. Die »schwarze Kunst« des Buchdrucks und ihr Ergebnis, die Bücher – sie suchen sich einen neuen Ort, an dem sich ihr Zauber entfalten kann.

3 Udo Baer
Niemand liest allein

Als Dreizehnjähriger las ich gerne die Bücher von Karl May. Einmal begegnete ich auf dem Weg von der Stadtbücherei mit einigen May-Erzählungen unterm Arm zwei Klassenkameraden. Sie lachten über mich, dass ich Bücher aus der Stadtbücherei bei mir hatte: »Wir haben die Bücher zu Hause, die gehören uns.« Ich besuchte mit sieben Arztsöhnen und anderen aus meist begüterten Familien die Klasse eines humanistischen altsprachlichen Jungengymnasiums. Doch ich war Flüchtlingskind. Bei uns zu Hause las man nichts außer der *Bild*-Zeitung, und wir hatten wenig Geld. Also war meine Leserettung die Stadtbücherei. Soweit ich mich erinnere, habe ich fast alles gelesen, was dort stand. Die Anzahl der Bücher war überschaubar, wir lebten in einer Kleinstadt. Aber später entdeckte ich die Fernleihe. Es dauerte oft Wochen, bis ein bestelltes Buch zur Verfügung stand, doch ich konnte auswählen, und die Auswahl vervielfachte sich.

Ich las und las und tauchte ab in Welten aus Erzählungen, Romanen, Biografien und historischen Abhandlungen. Das hat mich aus Einsamkeit und Verlorensein gerettet. Meine Welt war mir als Kind und Jugendlicher nicht erträglich, also schuf ich mir eine neue, nein: viele neue. Inspiriert durch Bücher. Für mich besteht Reichtum seit langem darin, dass ich mir leisten kann, ein Buch zu kaufen, wenn ich es lesen möchte.

Alle Wohnungen meines Lebens waren voller Bücherregale und Bücherstapel. Ja, ich lese mittlerweile auch elektronische Bücher, vor allem auf Reisen wegen des geringeren Gewichts und nachts, um meine Frau nicht zu stören, wenn ich lese. Doch alle Bücher, die mir wichtig sind, muss ich anfassen, ihnen sinnlich begegnen. Ja, ich bestelle manchmal auch Bücher über das Internet, wenn ich sie schnell brauche und weil in Berlin bei mir fußläufig in der Nähe keine Buchhandlung mehr existiert. Doch ich brauche Buchhandlungen, in denen Bücher mit Liebe und Kompetenz ausgewählt wurden, in denen ich Menschen nach Empfehlungen fragen kann, in denen ich stöbern kann und freudige Überraschungen erlebe. In jeder größeren Stadt habe ich eine Lieblingsbuchhandlung, die ich besuche, wenn ich dort bin. Wie die Herder'sche in Wien.

Ein Buch zu lesen ist für mich ein Dialog auf mehreren Ebenen. Ich unterhalte mich mit dem Autor oder der Autorin. Ich baue eine emotionale Verbindung zu den Figuren des Buches auf. Und gleichzeitig spült mein Gedächtnis Erinnerungsblasen empor, manchmal klar und deutlich, oft verschwommen, Erinnerungen an eigene biografische Erfahrungen, an Personen und Ereignisse, von denen ich häufig vergessen habe, dass sie mir wichtig sind. Der Erlebensblick in die Vergangenheit verbindet sich mit dem potenziell Zukünftigen. Ideen entstehen, Sehnsüchte entfalten sich, Sorgen und Ängste erwachen, Pläne finden einen vagen Anfang … Das Lesen eines guten Buches ist für mich immer auch ein Dialog zwischen Vergangenem, Gegenwart und möglicher Zukunft.

Auch das Verfassen eines Buchtextes ist ein Dialog, mit sich selbst, vor allem aber mit möglichen Leserinnen und Lesern. Wenn ich schreibe, unterhalte ich mich. Ich erzähle und höre zu, argumentiere, streite mich und stelle Fragen.

Bücher sind für mich Dialoge, Brücken zu anderen Menschen, Wege aus der Einsamkeit. Niemand liest allein.

4 Christoph Benke
Hospital für die Seele

Zwei klösterliche Momentaufnahmen

Die Stiftsbibliothek St. Gallen in der Schweiz zählt zum
UNESCO-Weltkulturerbe. Das barocke Bibliotheksportal,
1781 erbaut, trägt die griechische Inschrift *psychēs iatreîon* –
»Heilstätte der Seele«. Ob die Schweizer Mönche mit der
alten Bibliothek von Alexandria gleichziehen wollten? Denn
bereits in hellenistischer Zeit zierte diese Inschrift das Tor zur
größten Sammlung von Schriften der antiken Welt. Schon
die Antike war also überzeugt, dass Bücher der Seele guttun.

Eine andere Überraschung hat die Bibliothek des Füsse-
ner Klosters St. Mang in Deutschland zu bieten: In der Mitte
des Raums befindet sich eine große ovale Öffnung. Sie ermöglicht einen Blick hinunter – ins Refektorium, in den
Speisesaal der Mönche. Und bei Festessen, so berichteten
Reisende, soll von oben aus der Bibliothek Musik erklun-
gen sein. Die Bibliothek als »Seelenapotheke«, gleich über
dem Speiseaal: Der Mensch lebt eben nicht nur von Brot
(Dtn 8,3).

Leseglück

Ein Leben ohne Bücher ist für mich nicht vorstellbar. In
meiner Familie gab es immer Bücher. Ich hatte darum früh
die Möglichkeit, in die Welt der Bücher und des Lesens einzutauchen. Zusätzlich bot die städtische Bibliothek immer
neuen Stoff. Mit jedem Buch eröffneten sich neue Welten.
So wurde mir bald ein besonderes Glück zugänglich: das Leseglück. Sein Kennzeichen ist Selbstvergessenheit. Damit ist
zugleich ein (oder überhaupt das wichtigste) Kriterium für
ein »gutes« Buch genannt. Ein gutes Buch muss mich »hin-

einziehen«. Es soll in die Selbstvergessenheit führen. Kostbare Erinnerung sind mir darum jene Wochen der Sommerferien, in denen ich Adalbert Stifter, Fjodor Dostojewski, Joseph Roth, Heimito von Doderer und viele andere der Großen las, stundenlang – und alles um mich vergaß. Ein Geschenk, und zwar ein göttliches!

Lectio divina

Bekanntlich wurde Jesus Christus schon früh »Arzt« genannt (Ignatius von Antiochien). Der *Christus-medicus*-Titel sieht den leiblichen und den seelischen Aspekt des Wirkens Jesu zusammen. Für mich besteht kein Zweifel: Christus, der Arzt der Seelen, ordiniert auch in Buchhandlungen. Ein gutes Buch – und damit ist nicht primär theologische Fachliteratur gemeint – darf in einer spirituellen Hermeneutik des Verdachts als eine Art *lectio divina* (im weiteren und weitesten Sinn) gelesen werden. Es ist als *lógos spermatikós* zu betrachten, könnte es doch Spurenelemente enthalten, derer sich der ewige »Arzt der Seelen« bedient. Es ist zu vermuten, dass genau dieses Buch die Frage nach Gott offenhält.

Die gute Buchhandlung

Und wodurch verdient eine Buchhandlung das Adjektiv gut? Sie muss breit sortiert sein. Das Personal muss kompetent Auskunft geben können und dabei intuitiv ahnen, ob der Kunde ein kurzes (oder auch ein längeres) Gespräch führen oder in Ruhe gelassen werden will. Jedenfalls ist die Buchhandlung ein Raum der Begegnung. Das Kommerzielle ist gewissermaßen Nebensache.

Damit ist eine gute Buchhandlung mit einer Bibliothek verwandt. Auch die Buchhandlung ist ein »Hospital für die Seele«. Allerdings muss man nicht krank sein, um sie aufzusuchen. Regelmäßiger Besuch einer Buchhandlung ist präventiv angeraten, und zwar umso dringlicher, als die digitale Welt des Internets, in der alles gleichwertig und gleichgültig ist, nach uns greift.

Die Buchhandlung Herder in der Wollzeile 33, seit 1886 in 1010 Wien beheimatet, erfüllt für mich seit vielen Jahren die Kriterien einer guten Buchhandlung. Es besteht begründete Zuversicht, dass dies auch in Zukunft so bleiben wird.

5 Simon Biallowons
Liberales Liber

Auf wen die Wendung »Homo unius libri« wirklich zurückgeht, ist meines Wissens nicht ganz klar historisch belegbar. Sie wird dem Aquinaten zugeschrieben, dem Kirchenlehrer Thomas von Aquin, der sich demnach vor einem Mann gefürchtet haben soll, der nur ein Buch gelesen hat. Was aber ist mit einem Mann oder Frau, die nicht »unius«, sondern »multos« Bücher gelesen hat? Darüber debattierte ich vor längerer Zeit mit einem Freund, und der antwortete auf diese Frage so trocken wie knapp: »Kommt halt auf die Bücher an.«

Bei schlechten Büchern, so folgere ich, sollte man sich also eher vor einem »homo multorum liberorum« fürchten. Daran musste ich denken, als ich gebeten wurde, darüber zu referieren, was ein gutes Buch ausmachen würde. Ich gestehe: Ich habe ziemlich herumgegrübelt, und das Ergebnis war, offen gestanden, nicht ganz so klar, wie ich es mir gewünscht hätte. Ich kann daher nur sagen, was für mich ein gutes Buch ausmacht. Das ist, erstens, ein Buch, das zu einem bekannten Thema eine neue Perspektive hinzufügt. Binsenweisheit? Vielleicht. Aber in einer Zeit, in der Meinungen und Haltungen sich immer mehr verfestigen, in der Algorithmen in den sozialen Medien nur dazu da sind, affirmativ die eigene Überzeugung zu vertiefen, da ist das nicht Binse, sondern Notwendigkeit. Ein Buch, das herausfordert, möglicherweise sogar ärgert, das im besten Sinne des Wortes »anstößig« ist, das ist für mich persönlich ein gutes Buch. Und ich meine wirklich »ärgern«: Erst zuletzt las ich ein Buch, bei dem ich offensichtlich wieder und wieder vor mich hinmurmelte: »Ach, nein, so ist das doch nicht.« Oder auch kürzer: »So ein Schmarrn.« War es aber nicht, sondern einfach ein Bruch mit dem, was ich bislang geglaubt hatte oder geglaubt hatte zu wissen.

Ein gutes Buch ist für mich, zweitens, ein Buch, das zur Freiheit führt. Ein liberales Liber sozusagen. Es gibt Bücher, die handwerklich brillant sind, spannend und sprachgewaltig und vielleicht sogar eine neue Perspektive aufzeigen. Nur sie entlassen oder führen den Leser nicht in die bzw. zur Freiheit. Ich meine damit nicht Bücher, die ohnehin aus dem Kanon ausscheiden, weil beispielsweise jugendgefährdend oder rassistisch. Was könnte solch ein Buch sein? Vielleicht *Die Philosophie im Boudoir* (*La Philosophie dans le boudoir*) des Marquis de Sade. Es wird Leserinnen und Leser des Buches geben, die den Schauer, den die Schilderungen von Grausamkeit und Ausschweifungen verursachen (oder Ekel?) verteidigen. Doch de Sades »Möge jede Mutter ihrer Tochter die Lektüre dieses Buches gebieten« ist sicher keine Forderung, die zur Freiheit führt, sondern fesselt und einschnürt, in jeglichem Sinn. Es ließen sich noch weitere Werke anführen, und sicherlich wird es Bücher geben, bei denen die Meinungen divergieren. Wie aber führt ein Buch zur Freiheit? Indem es eine Basis legt, argumentativ und nachvollziehbar, sich aber nicht anmaßt, den einzig gangbaren Weg aufzuzeigen. Das vielmehr Spuren legt, denen der Leser nachspüren kann, von denen aus die Leserin eigene Wege einschlagen kann. Das tröstet, das stärkt, das unterhält, das aufrüttelt, das aber bei all dem über sich hinausweist. Gute Bücher, die zur Freiheit führen, verweisen insofern immer auch auf andere Bücher. Der Buch-Dominoeffekt, der sich durch ein Leserleben zieht. Ein gutes Buch, so könnte man damit sagen, führt zu einem nächsten guten Buch – führt zu »multos« und bleibt eben nicht bei »unius«.

Das Qualitätskriterium »gut« ist, wie ich bereits geschrieben habe, sicherlich nicht so ganz eindeutig. Es wird auch von bestimmten Faktoren abhängig sein, ein Buch kann auch zu einem bestimmten Zeitpunkt gut oder vielleicht besonders gut sein, einfach weil es an der Zeit ist. Und ich hoffe, dass dieses Buch hier genau das ist: ein gutes Buch, für die Leserinnen und Leser zum rechten Zeitpunkt. Ad multos bonos liberos – auf viele gute Bücher!

Übrigens: Der Mann, dem dieser Band gewidmet ist, ist solch ein »homo multorum liberorum«, ein Buchmensch. Einer, der vielen zu vielen verholfen hat, vielen Menschen zu vielen Büchern, guten Büchern – und dafür gebührt ihm mein größter Dank.

6 Elisabeth Birnbaum
Warum es sich zu lesen lohnt

Auf die Frage, ob es ein Buch gibt, das mir besonders wichtig ist – was könnte ich als Bibelwerksdirektorin anderes sagen als: das Buch der Bücher, die Bibel? Meine Aufgabe und mein Anliegen ist es, zum Lesen dieses Buchs anzuregen. Dass ich das als sinnvoll erachte, ist irgendwie selbstverständlich. Aber ich kann mich bei der Argumentation, dass es sich lohnt, die Bibel zu lesen, auf die Bibel selbst stützen.

Die Bibel fordert zum Bibellesen auf
Bibel lesen ist für Gläubige ein Muss. Warum? Einerseits dient das der Glaubensgewissheit, z. B. über die Auferstehung der Toten: »Dass aber die Toten auferstehen, habt ihr das nicht im Buch des Mose gelesen ...?« (Mk 12,26); andererseits dem Verständnis für die Botschaft des Paulus, wie er in Eph 3,4 betont: »Wenn ihr das lest, könnt ihr erkennen, welche Einsicht in das Geheimnis Christi mir gegeben ist.«

Anderen die Bibel vorlesen
In vielen biblischen Büchern wird deshalb explizit dazu aufgefordert, anderen die Bibel vorzulesen, z. B. in 1 Tim 4,13: »Lies ihnen eifrig aus der Schrift vor, ermahne und belehre sie, ...!« Bibeltexte sollen aber auch anderswo vorgelesen werden, wie in Kol 4,16 gefordert: »Und wenn der Brief bei euch vorgelesen worden ist, sorgt dafür, dass er auch in der Gemeinde von Laodizea vorgelesen wird und dass ihr auch den aus Laodizea lest!«

Die Vorlesenden sind dabei gleicherweise glücklich zu preisen wie die Zuhörenden: »Selig, wer die Worte der Prophetie vorliest, und jene, die sie hören und das halten, was in ihr geschrieben ist; denn die Zeit ist nahe.« (Offb 1,3)

Schrift verstehen

Die Bibel nicht nur zu lesen, sondern auch zu verstehen und so zum oder zur Schriftgelehrten zu werden, ist ebenfalls ein edles Unterfangen. So betont Jesus Sirach: »In der Hand des Herrn liegt der Erfolg eines Mannes, / auf den Schriftgelehrten legt er seinen Ruhm.« (Sir 10,5) Das ist natürlich ein Ansporn.

Die biblischen Verfasser gelten Sirach als ehrenwerte Männer. So weiß er, dass die großen Gestalten des Alten Testaments, die als »Verfasser dichterischer Schriften« tätig waren, »durch Generationen hindurch geehrt (wurden) / und in ihren Tagen wurde ihnen Ruhm zuteil« (Sir 44,5.7).

Doch die Bildung und Weisheit, die Sirach in den Schriften findet, soll ein Schriftgelehrter nicht nur selbst erkennen, sondern auch damit anderen, »unkundigen« Menschen dienen. Einerseits, indem er anderen die Schrift auslegt. Dafür gibt es unzählige Beispiele in der Bibel. Besonders häufig legte Jesus die Schrift aus (Mt 5; Lk 24,27 u. v. a.) und in seinem Gefolge Petrus (Apg 2,14 ff.), Paulus (Apg 17) oder Philippus, dessen Frage: »Verstehst du auch, was du liest?« bei keiner Bibellektüre fehlen sollte (Apg 8,30).

Selbst Schriften verfassen

Andererseits kann ein Schriftgelehrter durch eigene Schriften anderen dienen. Zwar warnt schon Kohelet: »Es nimmt kein Ende mit dem vielen Bücherschreiben und viel Studieren ermüdet den Leib.« (Koh 12,12) Doch wer von der Schrift durchdrungen ist, scheut die Mühe nicht. Aus gutem Grund: Den meisten geht es wie Jesus Sirach. Nachdem dieser sich selbst in Sachen Bibel »eine hinreichende Kenntnis erworben hatte, drängte es ihn, auch selbst etwas zu verfassen, was Bildung und Weisheit fördert« (Sir 1,1).

Bibel verstehen, um danach zu handeln
Und auch das ist noch nicht Selbstzweck, sondern soll bei den derart kundig Gewordenen zu einer »gesetzestreue(n) Lebensweise« führen (Sir 1,1). Josua zeigt die positiven Folgen des Dreischritts: Bibel lesen – verstehen – danach handeln: »Über dieses Buch der Weisung sollst du immer reden und Tag und Nacht darüber nachsinnen, damit du darauf achtest, genauso zu handeln, wie darin geschrieben steht. Dann wirst du auf deinem Weg Glück und Erfolg haben.« (Jos 1,8)

(Bibel) lesen und verstehen ist ein Fest!
So kann das Lesen der Bibel zu einem einzigen, tagelangen Freudenfest werden. Das Buch Nehemia macht es vor: Dort wird sieben Tage lang aus der Tora, der »Weisung Gottes«, vorgelesen – abschnittweise, mit Erklärungen versehen, damit auch alle es verstehen konnten. Kein Wunder, dass die Menschen berührt waren. Und die Übung gelang: Die Bibellektüre mündete in ein großes Freudenfest, »denn sie hatten die Worte verstanden, die man ihnen verkündet hatte« (Neh 8).

Bibel zu lesen, zu verstehen und anderen zu vermitteln, ist also eine durch und durch biblische, lohnende und seligmachende Aufgabe. Das tut das Österreichische Bibelwerk. Und das tut ein so engagierter Buchhändler wie Gerhard Zach. Mit seiner Begeisterung und seinem unermüdlichen Einsatz hat er in der Wollzeile einen Raum geschaffen, wo das Buch der Bücher verbreitet wird, wo Menschen dazu angeregt werden, die Bibel zu lesen, und wo Bücher, die dazu dienen, dass die Bibel kein Buch mit sieben Siegeln bleibt, in reicher Vielfalt erhältlich sind. Sein Antrieb dabei dürfte jenem des Verfassers von 2 Makkabäer gleichen: »So dachten wir, solche, die gern lesen, zu unterhalten, denen, die mit Eifer auswendig lernen, zu helfen, allen aber, die das Buch auf irgendeine Weise in die Hand bekommen, zu nützen.« (2 Mak 2,25)

Der Lohn für seine Mühen wird, so glaube ich zuversichtlich, dann auch biblisch sein. Menschen wie ihm verspricht Christus: »Nie werde ich seinen Namen aus dem Buch des Lebens streichen, sondern ich werde seinen Namen bekennen vor meinem Vater und vor seinen Engeln.« (Offb 3,5)

In diesem Sinne: Danke für alles und: ad multos libros!

7 Hans Brandl
Denkfühlende Schriftbetrachtung

Die Gottsuche ist bei Ignatius von Loyola buchstäblich »Geschmackssache«. Freilich nicht im Sinne der Beliebigkeit, sondern in sachlicher Hinsicht: Für Ignatius ist der »Geschmack« (gusto) sowohl Sensorium für die Gegenwart Gottes als auch diese selbst und damit das Leitseil des geistlichen Lebens schlechthin. Das »Gott-suchen-und-finden-in-allen-Dingen« soll nach Ignatius in der Schriftbetrachtung eingeübt und dadurch zu einer permanenten Haltung werden.

In den Exerzitien versuchen Übende, ihr Leben im Blick auf Jesus Christus auszurichten und neu zu ordnen. Besondere Bedeutung haben dabei die Geheimnisse des Lebens Jesu, auf die sich Übende mittels der ignatianischen Schriftbetrachtung (contemplación) einlassen. In diesen Schriftbetrachtungen versetzen sich Übende mithilfe der Vorstellungskraft in die jeweilige biblische Szene, identifizieren sich mit handelnden Personen und erahnen dadurch die Gegenwart des Heilshandelns Jesu. Die leibhaftig-sinnliche Vorstellung wird zum Rahmen einer gnadenhaften und geistgewirkten Begegnung mit dem Herrn. Die Gebetsmethode besteht – salopp formuliert – in einer Art Kopfkino. Wer sich in die ignatianische Kontemplation einübt, mag sich zuweilen ob der vielen »technischen« Hinweise fragen, ob es sich dabei mehr um eine Übung oder ein Gebet handelt. Darüber hinaus erhebt sich berechtigterweise die Frage, inwiefern das in der Betrachtung Erlebte »echt« sei.

Beide Fragen können im Blick auf eine wichtige und berühmte Vorbemerkung von Ignatius (Geistliche Übungen 2) beantwortet werden. Diese lautet: »Denn nicht das viele Wissen sättigt und befriedigt die Seele, sondern das In-

nerlich-die-Dinge-Verspüren-und-Schmecken.« (Original:
»(…) porque no el mucho saber harta y satisfaze al ánima, mas
el sentir y gustar de las cosas internamente.«) Sinn und Ziel der
»Übungen« ist von vornherein das Gebet, das Sprechen oder
Verweilen des Herzens mit bzw. bei Gott. Die leiblichen Sinne und die Imagination helfen, gegenwärtig zu werden, zum
Gebet wird die Schriftbetrachtung durch die Wahrnehmung
feinster innerer Bewegungen und Resonanzen, in denen sich
der Schöpfer mitteilt. Das imaginative Berühren der Krippe
oder des Kreuzesholzes ist das eine, das andere ist das Verspüren der Bedeutung oder »der Ruf« dieser Berührung *für mich*:
Wem in einer Betrachtung ein Licht aufgeht, wer von einem
Vers oder einer Entdeckung getroffen wird usw., macht eine
geistgewirkte Erfahrung. Um das Wirken des Heiligen Geistes wahrzunehmen, braucht es innere geistliche Sinne, die
Ignatius hier in der pauschalen Wendung »sentir y gustar«
(fühlen/spüren und schmecken/verkosten) anspricht.

Für Ignatius hat Gott einen bestimmten »Geschmack«,
nämlich inneren Frieden, Freude, das Gefühl der Freiheit und
der Ruhe. Das sind wiederum die Eigenschaften des geistlichen Trostes (consolación), wodurch Ignatius die Begriffe
Trost und Geschmack (gusto) synonym gebraucht. Die sogenannte »Anwendung der Sinne« kann insofern als »Angel-
punkt der Exerzitien« (J. Sudbrack) betrachtet werden, als es
sich dabei um eine von der Sehnsucht geleitete Suche nach
Orten des Verweilens und Verkostens, d. h. nach Gott selbst in
der Betrachtung der Schrift und des eigenen Lebens handelt.
Die Echtheit einer Gebetserfahrung zeigt sich schließlich darin, dass das Geschaute, Gehörte oder Verspürte »sättigt und
befriedigt«.

Ignatius von Loyola steht mit seiner Wertschätzung der
inneren geistlichen Sinne in einer Reihe geistlicher Meister,
die über Bonaventura zu Origenes zurückreicht. Der unmit-

telbare Impuls, die leiblichen und geistlichen Sinne für das Gebet zu nutzen, stammt von Vertretern der spätmittelalterlichen Frömmigkeitsbewegung der Devotio moderna wie Ludolf von Sachsen und Abt Cisneros vom Montserrat. Aber bei keinem anderen geistlichen Lehrer erhält das »sentir(e)« eine so fundamentale Bedeutung wie bei Ignatius. Bei ihm integriert der Begriff »sentir« eine Bedeutungspalette, die von leiblich-affektiven bis zu geistig-intellektuellen Nuancen reicht. Im Sprachgebrauch von Ignatius kann »sentir« am treffendsten als »Denkfühlen« oder »Fühlwissen« übertragen werden. Es entspricht damit dem griechischen »phroneo«, das v. a. Paulus verwendet, um ein Denken, Meinen und Urteilen im Herrn oder in der Gesinnung des Herrn auszudrücken. Alles Denken, Entscheiden und Handeln ist somit im Bereich des »sentir« und damit im Bereich der geistlichen Unterscheidung. Wer hätte dem »nüchternen« Ignatius eine derartige Wertschätzung des Gefühls zugetraut?

Wie bedeutsam der sinnlich-gefühlhafte Zugang zur Bibel ist, erfuhr der US-amerikanische Neutestamentler, Pastor und Friedensaktivist Walter Wink (1935–2012) eher durch Zufall. Zeitlebens war es ihm ein Anliegen, die von ihm selbst erfahrene, verwandelnde und heilsame Kraft der Bibel anderen Menschen zu vermitteln. Über Jahre fragte er sich, warum die vielen exegetischen Bemühungen und Kommentare so wenig Wirkung entfalteten. Eher widerwillig nahm er an einem Kurs zu ganzheitlicher Psychologie teil. Er bekam die Aufgabe, den Gelähmten von Mk 2,1–12 in Ton nachzubilden. Mit geschlossenen Augen formte er etwas, das sich später bei näherer Betrachtung als Vogel mit einem gebrochenen Flügel darstellte. Im kreativen Umgang mit der Bibel entdeckte er – der Bibelwissenschaftler! – seine eigene Lähmung, die darin bestand, keinen Kontakt zu seinen Gefühlen zu haben.

Einübung in das Bibellesen bedeutet auch eine Einübung ins Fühlen und eine Einübung in das Vertrauen in sein eigenes Spüren.

Bereits veröffentlicht in: »Dein Wort. Mein Weg. Alltägliche Begegnung mit der Bibel«, Heft 4, 2022. (September 2022 – November 2022), S. 30–32.

8 Barbara Brunner
Lesen ist schön

Da saßen wir also, meine Schwester und ich, ganz oben auf den Leitern, wissend, dass wir einen Vormittag lang Zeit hatten, uns zu entscheiden – und das war nicht leicht … Weil: Alljährlich am 23. Dezember nahm uns ein Freund unserer Eltern mit in die Buchhandlung Lauf in Braunau – und jede von uns durfte sich zwei Bücher aussuchen. Wir nahmen unzählige Bücher aus den Regalen, kletterten auf die Leitern, um auch die höher gelagerten Bücher (die vielleicht gar nicht für unser Alter bestimmt waren?) zu erreichen, und fingen in jedem Buch zu lesen an. Aber halt, nicht weiterlesen! Es könnten ja noch bessere Bücher kommen: Also die Vorauswahl auf den Stapel legen und das nächste Buch anlesen, der Stapel wuchs und wuchs und es war die schiere Qual der Wahl, sich schlussendlich auf zwei Bücher zu beschränken.

Aber dann: Am Christtag sehe ich meine Schwester und mich in der Früh in unseren Pyjamas unter dem Christbaum liegen und lesen, manchmal einen Griff nach oben und eine Praline vom Baum geholt, ansonsten: pure Glückseligkeit! Ich erinnere mich auch an den Geruch im Wohnzimmer nach leichtem Zigarettenrauch, abgebrannten Sternspritzern, Kaffee – und in der Nase den Duft der neuen Bücher.

Kindliche Prägung? Jedenfalls liebe ich bis heute den Geruch von Buchhandlungen. Ich schnuppere, und gleichzeitig steigt eine fast unbezwingbare Gier nach Büchern in mir hoch – haben, haben, haben! Und die Vernunft sagt: Wann, meine Liebe, willst du das denn alles lesen? Denkst du an den Stapel Ungelesenes zu Hause? Es beginnt wie immer der Kampf Vernunft kontra Leidenschaft!

Eine gern gestellte Frage ist die nach dem Lieblingsbuch: Hier nenne ich – auch um dann Ruhe zu haben – *Krieg und Frieden* von Lev Tolstoj, weil ich den Roman vom Aufbau her unglaublich modern und die einzelnen Erzählstränge sehr spannend finde. Aber ganz ehrlich: Ich habe kein Lieblingsbuch, ich liebe so viele Bücher, dass ich mit dem Aufzählen nicht fertig würde – die moderne Literatur und die Klassiker, gerne auch Krimis, wenn sie gut geschrieben, gut lektoriert (!) und gut gebaut sind. Was mich immer wieder ärgert, sind eben solche Krimis, die man kein zweites Mal lesen sollte, weil sie so unlogisch und hanebüchen daherkommen, dass es schade um die verplemperte Lebenszeit ist. Eine ebenso merkwürdige Frage ist die nach den drei Büchern, die man auf eine einsame Insel mitnehmen würde, weil: Wenn es drei Titel sind, die mir wichtig sind, weil ich sie schon gelesen habe, dann wird es doch ein wenig langweilig auf der Insel. Wenn es drei neue Bücher sein sollen, dann ist dabei das Risiko, dass mir das eine oder andere Werk nicht gefällt, und das wäre auch blöd. Daher würde ich auf die Insel mein Tablet angefüllt mit ganz vielen E-Books mitnehmen und hoffen, dass es auf der einsamen Insel Strom zum Laden gibt.

Gute Bücher stimmen in sich – der Satz klingt so einfach wie kompliziert.

Gute Bücher erreichen Herz und Hirn der Leserschaft, sie erzählen Geschichten, und ihre Autorinnen und Autoren geben vielleicht sogar einiges von sich selbst preis, auf alle Fälle ist die Tinte mit Herzblut vermischt.

Ich wurde schon ein paarmal gefragt, wie man denn einen Bestseller schreiben könne, und meine Antwort war so kurz wie ehrlich: gar nicht. Ich habe einmal einen Millionär erlebt, der mit richtig viel Geld und einem Ghostwriter eben einen Bestseller machen wollte, aber wie zu erwarten, war dann außer Spesen nichts gewesen. Weil: Die Leserinnen und

Leser spüren, ob ein Buch stimmt, ob die Geschichte ehrlich ist, und schlussendlich ist es die Leserschaft, die entscheidet, ob ein Buch ein Bestseller wird. Und das ist gut so.

Jedes Leben ist voller Geschichten, es gibt keinen Menschen, dessen Leben nicht für einen Roman taugen würde – nur: Wer kann es so schreiben, dass es viele Leserinnen und Leser erreicht? Dass in jedem von uns ein Autor steckt, mag schon stimmen, nur meist kein begabter.

Ich werde auch öfter gefragt, ob ich nicht auch ein Buch schreiben würde. Nein und nochmals nein, das überlasse ich denen, die es können. Ich habe zu viele gute und zu viele schlechte Bücher gelesen, um zu wissen, warum ich davon die Finger lassen werde. Ich beschränke mich lieber auf das genussvolle Lesen, auf das Eintauchen in Geschichten, auf das Hineinschlüpfen in fremde Leben, auf das Berührtwerden von Freuden und Leiden der Heldinnen und Helden, auf das Schaudern und Gruseln bei einem guten Thriller, auf das Lachen bei Humor, Satire oder bei schrägen Geschichten, auf das Staunen über die Formulierkunst von Literaten, auf das Abtauchen aus dem Alltag in fremde Welten, die beim Lesen nur mir gehören.

Übrigens:

Buchhandlungen sollten zum immateriellen UNESCO-Weltkulturerbe erhoben werden, sie sind Orte der Inspiration, der Freude, sie können Wissensdurst stillen und Neugierde befriedigen, dort ist nicht mehr und nicht weniger als die Welt zu Hause.

Und: Lesen ist schön.

9 Toni Faber
Nie ohne meine Bücher

Während des normalen Arbeitsjahres bleibt mir leider oft viel zu wenig Gelegenheit zum Bücherlesen. Ich habe es noch immer nicht gelernt, mir zwischen den vielen Terminen und Begegnungen ausführlich Zeit für die Lektüre von interessanten Büchern einzuplanen und zu nehmen. All das, was ich für die Vorbereitung und meine Arbeit dringend benötige, verschlingt zu viel Zeit, und immer gibt es so viel Interessantes zu lesen. Daher sammle ich das ganze Jahr über Bücher. Ja ich gestehe, es sind oft viele Bücher, die fein säuberlich gestapelt zu richtigen Stößen wachsen. Alles unbedingt von mir zu lesen – lautet mein fester Vorsatz. Je näher der Urlaub rückt, umso sehnsüchtiger blicke ich immer wieder auf die Bücher und beginne die ersten Versuche der Reihung in: »besonders wichtig« und »natürlich auch sehr interessant, aber nicht jetzt und gleich«. Am Tag vor dem Urlaubsantritt die letzte Runde der Entscheidung: Welche zehn Bücher nehme ich wirklich mit und welche fünf werde ich dann tatsächlich lesen?

Allein auf einer Insel mit Büchern
Mit großer Freude und Dankbarkeit erinnere ich mich an die Realisierung eines Bubentraums von mir schon vor einigen Jahren:

Einmal ganz allein eine Woche lang auf einer einsamen Insel in einem Leuchtturm zu wohnen, am besten in der sturmgepeitschten Nordsee, viele Stunden vom Festland entfernt, ohne Handyempfang, und nach einer Woche wird man hoffentlich wieder abgeholt. – Na ja, so hart ist es dann doch nicht geworden. Eine winzig kleine Insel vor der kroatischen Küste mit sehr angenehmen Temperaturen. Ein Leuchtturm.

Und ein Koffer voller Bücher. Jeden Tag kam ein neues dran. An die zehn Stunden täglich las ich unter der kroatischen Sonne und war mit mir und meinem persönlichen Gegenüber in Buchform glücklich und zufrieden. An ein Buch kann ich mich noch sehr gut erinnern: *Meine drei Leben*, Erinnerungen von Helmut Zilk, die von der fantastischen Journalistin und Buchautorin Conny Bischofberger aufgezeichnet worden waren. Mit so spannend und einfühlsam beschriebenen Begebenheiten, dass ich mich als Leser dem bekannten Bürgermeister sehr nahe fühlte. Etwas mehr als ein Jahr später trat Helmut Zilk seinen letzten Weg an, und das feierliche Requiem im Dom war von mir vorzubereiten. Ich konnte unserem Erzbischof Kardinal Christoph Schönborn dieses Buch für die Vorbereitung seiner Abschiedspredigt nur wärmstens empfehlen. Und wirklich gelang es ihm, sich in den raren Nachtstunden während der laufenden Bischofskonferenz die Zeit zur Lektüre zu nehmen. Das legendäre Kreuz, das Helmut Zilk bei der unvergesslichen Pressekonferenz nach seinem Gott sei Dank überlebten Briefbomben-Attentat in die Kamera hielt, hat sich in der Hand des predigenden Kardinals beim Requiem wiedergefunden. Und am darauffolgenden Tag titelten die Tageszeitungen Fotos davon mit Berichten über den berührenden Abschied von unserem beliebten Stadtvater.

Ich freue mich schon auf den nächsten Urlaub und meine nächsten Abenteuer mit den Büchern. Und diese brauche ich haptisch. Alle Versuche von Freunden, mir die angeblich viel praktischeren E-Books auf E-Reader oder Tablet einzureden, scheiterten an meiner Verliebtheit und meiner Liebe zu gedruckten Büchern.

»Ein Raum ohne Bücher
ist wie ein Körper ohne Seele.«
Marcus Tullius Cicero

10 Walter Famler
Literatur im Lotterbett

Die Bücher im nussbraunen Regal am Kopfende der Couch waren nach Größen sortiert: Bruno Brehms stürzende Throne, *Sinuhe der Ägypter*, Thomas Manns *Zauberberg* und John Steinbecks *Eden*. Das Schicksal der Caine, Hans Dominik und ein paar Bände Karl May, *Krieg und Frieden*, ewig leben wollende Hunde, die *Blechtrommel*. Däniken, Heyerdahl und der *Zaubergarten der Mathematik*. Einige Ausgaben Readers Digest, links im Eck von einem Zierpolster verdeckt noch ein Jahrgang der ziegelroten *Bibliothek der Unterhaltung und des Wissens*.

Im Weltraumzeitalter der 1960er Jahre durfte ich als Volksschüler Masern, Mumps und fiebrige Erkältungen auf dem Lotterbett im Wohnzimmer eines rohbaulichen Siedlungshauses in einem oberösterreichischen Weltkurort auskurieren. Auf dem Bauch liegend buchstabierte ich mich über Buchrücken bis hin zur Fraktur. Die Geschichten von Oskar Matzerath und dem antiken Arzt Sinuhe wurden mir von meinem Vater erzählt, der auch sehr anschaulich die Fadesse in einem Schweizer Sanatorium schildern konnte. Die Buchgemeinschaft Donauland sorgte für das langsame Wachstum der Familienbibliothek. Wurde die Quartalsbestellung aus dem Katalog vergessen, kam der Vorschlagsband mit Rückgaberecht postalisch umgehend ins Haus.

Bücher durften nur mit sauberen Händen angefasst werden und wurden bei Benützung meist mit Packpapier geschützt. Eselsohren und Bleistiftanzeichnungen waren tabu. Zwei Ohrfeigen fasste ich von meinem Großvater aus, als ich im Organisationshandbuch der NSDAP eine Abbildung des Feldmarschalls Göring mit Farbstiften verschönerte. Großes

Lob erhielt ich dagegen in der vierten Klasse Gymnasium, als ich Bruno Brehms K&K-Weltuntergangstrilogie als Referatsthema vorschlug. Dass Brehm auch ein glühender Nazi war, wusste ich damals noch nicht.

In meinen ersten Gymnasialjahren kamen Schulbücher aus einem Hinterzimmer, in dem sich von Absolventeneltern gespendeter pädagogischer Grundbedarf stapelte, der an Schüler ausgegeben wurde, deren Eltern sich die für den Unterricht nötigen Bücher nicht leisten konnten. Den wenigen Arbeiter- und Bauernabkömmlingen, die sich in die renovierungsbedürftigen Räumlichkeiten der vom austrofaschistischen und nazistischen Ungeist erst ansatzweise gelüfteten Bildungsanstalt verirrten, wurden in der Regel die abgenudeltsten Lehrbücher ausgehändigt, und bei der Rückgabe zu Schuljahrende wurde man bezichtigt, mit den Büchern nicht pfleglich genug umgegangen zu sein. Die von der ersten Kreisky-Regierung eingeführten Schülerfreifahrten, aber vor allem die nagelneuen Bücher, die wir uns per Gutschein ab Beginn des Schuljahres 1972/73 in Buchhandlungen freier Wahl abholen durften, bedeuteten eine Befreiung, die sich nicht beschreiben lässt.

Bekennende Sozialdemokraten gab es in der Lehrerschaft am Gymnasium in der Arbeiterstadt Steyr Anfang der 1970er Jahre kein halbes Dutzend. Das Gros der reaktionären schwarz-braunen Mittelschulprofessoren polemisierte im Unterricht bei jeder Gelegenheit gegen Kreisky, häufig auch gegen den »Juden Kreisky« und die bildungspolitischen Maßnahmen seiner Regierung. Nur dass Kreisky in seiner ersten Regierung fünf frühere NSDAP-Mitglieder zu Ministern ernannt hatte, wurde wohlwollend vermerkt: »Ohne uns Ehemaligen hätte dieser jüdische Sozialist sowieso nie eine funktionierende Regierung zustande gebracht!« (Prof. R., bekennendes Mitglied der ODESSA/Organisation der ehemaligen SS-Angehörigen, in einer Supplierstunde im Schuljahr 72/73)

Dass Klassenzugehörigkeiten von Schülern fortan nicht mehr über den Zustand von auf den Bänken aufgeschlagenen Schulbüchern vermutet werden konnten, war für den in dieser Anstalt vorherrschenden pädagogischen Standesdünkel eine schwer zu verwindende Verstörung.

Bereits in der Unterstufe des Gymnasiums war ich als Helfer in der Bücherausgabe der Schulbibliothek aktiv. Hier konnten Schüler und Lehrer in den großen Pausen dreimal die Woche Bücher aus allen Sachgebieten entlehnen, integriert waren auch Reclam-Ausgaben für Klassenlektüren. Als das Kustodiat über die Schulbibliothek von Seiten der Lehrerschaft unbesetzt blieb, war ich ab der 6. Klasse organisatorisch für den laufenden Betrieb der Bibliothek verantwortlich und hatte dabei auch ein Ankaufsbudget zur Verfügung. Sukzessive begann ich den Bestand moderat an die politische Aufbruchstimmung der 1970er Jahre anzupassen. Als ich beim lokalen Buchhandelsmonopolisten am Steyrer Stadtplatz dreißig Exemplare der dtv-Ausgabe von Heinrich Bölls *Ansichten eines Clowns* samt Partieexemplaren und Mengenrabatt bestellen wollte, wurde mein Ansinnen dort empört abgewiesen und mir vom Seniorchef höchstpersönlich mitgeteilt, dass solch linke Propaganda auf keinen Fall über seinen Ladentisch gehen würde. Bestellungen bei der Linzer Landesbuchhandlung ergaben dann aber in der Folge weder Ideologie- noch Konditionsprobleme.

Als meine erste Wiener Buchhandlung betrat ich im Mai 1975 im Rahmen der Aktion »Österreichs Jugend lernt ihre Bundeshauptstadt kennen« die Buchhandlung Herzog an der Mariahilfer Straße. Siegfried Anzinger, ein Absolvent unserer Schule, hatte in der dortigen Galerie seine erste Ausstellung. Der »junge Wilde« erschien mir im Gespräch einigermaßen

reaktionär – ich hatte damals bereits einiges an Marx, En-
gels und Freud intus, träumte als Aktivist der oberösterreichischen Gewerkschaftsjugend vom Zusammenschluss einer
revolutionären Lehrlings- mit einer ebensolchen Schülerbe-
wegung und war gerade mit Abmahnungen durch die ober-
österreichische SPÖ konfrontiert. Beim Ausgang der Buchhandlung entwendete ich aus der Ramschkiste ein Exemplar
der Zeitschrift *Wespennest*. Zurück in Steyr abonnierte ich
das *Wespennest* für die Schulbibliothek und ergänzte deren
Bestände durch Werke von Helmut Zenker, Gustav Ernst,
Peter Turrini, Elfriede Jelinek, Peter Henisch, Gernot Wolf-
gruber und Franz Innerhofer. Als ich nach der Matura 1977
dann die Flucht ins »Rote Wien« ergriff, war das Lotterbett
im elterlichen Wohnzimmer meiner Kindheit schon länger
einer moderneren Sitzgarnitur gewichen und die Bücher aus
dem Couchregal hinter den Türen einer Einbauwand verschwunden.

11 Markus Figl
Ich habe ein Buch dazu ...

Als ich meiner lieben Frau erzählte, dass ich für das Buchprojekt anlässlich der Geschäftsführungsübergabe in der Buchhandlung Herder ein paar persönliche Zeilen über meine Faszination für Bücher schreiben sollte, sagte sie sofort: »Da kannst du gleich einen deiner Lieblingssätze anbringen, mit dem du hin und wieder unsere Nerven strapazierst.« Und ja, tatsächlich, bei verschiedenen Gelegenheiten und vor allem inmitten hitziger Debatten fällt mir plötzlich ein: »Ich habe ein Buch dazu!« Ein Buch mit einem passenden Zitat, einem Beweis für eine Argumentationskette oder auch einem weiterführenden Gedanken. Das geht nicht nur meiner geliebten Familie so, sondern kann auch jederzeit in meiner Arbeitstätigkeit passieren. Bücher sind meine ständigen Begleiter, eine Leidenschaft, und oft bedauere ich, viel zu wenig Zeit zu haben, um sie alle lesen zu können.

Doch zurück zu meinem Ausruf, bei dem es nicht bleibt. Nein, ich springe umgehend auf und muss zu meiner Bücherwand, um das fragliche Buch zu suchen. Leider habe ich eine Vielzahl an Büchern, aber ohne Bibliothekssystem, sondern lose nach Sachgebieten geordnet. Bestenfalls, aber leider in den seltensten Fällen, dauert es nur Sekunden, bis ich das Buch gefunden habe, manchmal dauert es Minuten – gelegentlich kann ich es nicht gleich finden. Dann rumort es in mir, bis ich das fragliche Exemplar gefunden habe, auch wenn ich die Suche in den nächsten Tagen fortsetzen muss. Manche Bücher befinden sich gerade am »falschen« Ort, denn viele Bücher stehen zu Hause, noch mehr aber in meinem Büro. Habe ich das Buch gefunden, dann beginnt die Suche nach dem entsprechenden Detail.

Bekanntlich hat jeder Mensch eine eigene Art, mit Büchern umzugehen. Für manche sind Bücher reine Zweckgegenstände, die nach (oft einmaligem) Gebrauch ihren Dienst getan haben und nicht mehr benötigt werden. Für andere sind sie gar lästige Staubfänger, die unnötig in der Gegend herumstehen. Manche hüten sie hingegen wie einen heiligen Gral, sie dürfen nicht beschrieben werden, und wehe, es findet sich ein Eselsohr darin. Ich kann, das gebe ich zu, mich nur schwer von Büchern trennen, vor allem wenn es sich um gute Literatur oder informative Sachbücher handelt. Sie passiv zu lesen genügt mir nicht, es ist am besten immer ein Bleistift in meiner Nähe. Brauchbare Zitate, anregende Gedanken (das können auch widersprüchliche sein) oder wissenswerte Informationen werden sanft markiert. Auf den letzten Seiten vermerke ich einen Hinweis, wo man diese Sätze findet. Mit diesem System entdecke ich auch nach vielen Jahren die eine oder andere wertvolle Stelle wieder. Und beim nochmaligen Lesen des Buchs überprüfe ich, ob ich meine Ansicht von damals noch teile oder mittlerweile die Zeilen anders beurteile. So sind Bücher für mich keine abgeschlossenen Einheiten, sondern Anregungen für weitere Gedanken.

Meine Umgebung ist jedenfalls froh, wenn ich das von mir erwähnte Buch schnell gefunden habe, ohne weitere Bücher anzuführen. Denn das kann jede Diskussion in die Länge ziehen (auch wenn ich es mehr als Tiefgang empfinde). Mittlerweile ist der Spruch auch schon ein wenig altmodisch, denn seit einigen Jahren werden Informationen nicht mehr in Büchern gesucht, sondern im Internet. Dort scheint man alles zu finden. Auch ich schaue oft im Internet nach und finde viele (gute) Fakten. Aber das Durchblättern eines Buches gibt schon oft Orientierung in einem Ausmaß, wie es das Internet nicht vermag. Hinzu kommt, dass meine Bleistiftmarkierung nur in Büchern möglich ist.

Vor allem aber hat ein Buch eine ganz andere Atmosphäre, das Haptische ist mir emotional näher. Und als liebevolles
Geschenk eignet sich ein Buch viel mehr als ein USB-Stick.
Die persönliche Widmung vervollständigt das Geschenk (zumindest für mich). Der Besuch einer Buchhandlung kann für
mich schon teuer werden, denn ich hätte gerne für jede Gelegenheit ein dazu passendes Buch. Aber hier habe ich mich
im Laufe der Jahre diszipliniert, ich kaufe (fast) nur mehr
gezielt ein. Das Schöne an meinem Beruf ist, dass ich laufend
Bücher erhalte. Regelmäßig kommen mir Buchtipps unter,
und so bestelle ich ausgewählte Exemplare. Alle paar Tage
kommt ein neues Buch in meine Bücherwand. Und so hoffe
ich dann doch in fast jeder tiefsinnigen Debatte sagen zu
können: »Ich habe ein Buch dazu!«

12 Ingrid Fischer
Eine Wohngemeinschaft

Ich lebe, wohne und arbeite in einer Welt voller Bücher. In der (liturgie-)wissenschaftlichen Bibliothek meines Mannes, in der unser beider Schreibtische stehen und ich diese Zeilen schreibe, lasse ich meinen Blick über viele Bände schweifen: ererbte, antiquarisch erworbene, zerfallende und neu gebundene, und natürlich Bücher auf dem Stand der Zeit – teils mitverfasst oder mitherausgegeben, mit je eigener Vor- und manchmal mühsamer Entstehungsgeschichte. Doch dann stehen sie da und erfreuen! Etliche Exemplare sind nur bedingt zum »Lesen« geeignet (wie man einen Roman »ausliest«), andere bergen Schätze in mir fremden Sprachen und sind mir trotzdem vertraut. Und so, wie ich meine Favoriten jederzeit besuchen kann – sie zur Hand nehme, nachschlage, eine Stelle heraussuche –, werde ich auch auf der Suche nach historischen und musikalischen Spezialitäten gottesdienstlichen Feierns in Ost und West hier immer fündig.

Gehe ich ein Zimmer weiter, umgibt mich hauptsächlich (Reise-)Literatur und Belletristik, vor allem Romane – gerne auch intelligente, psychologisch abgründige Kriminalromane – und Historisches, Biografien und Sachbücher, wenn möglich in beliebiger Kombination. Und wiederum: Von allem, was je zu lesen sich lohnte, habe ich das allermeiste nicht gelesen und bin trotzdem mitten im Kosmos eines Zweig, Werfel oder Kazantzakis, die mich schon sehr lange begleiten, und »querfeldein« an unterschiedlichsten anderen Orten dieser Welt. Ich liebe viele Schreibstile; nur komplizierte, überlange Wortgeflechte, womöglich ohne Interpunktion, sprechen mich nicht an (sie bedürften einiger moralischer Anstrengung, wozu ich mich beim Lesen nicht mehr verpflichtet fühle). Umso mehr schätze ich eine Sprache, die präzise, karg oder poetisch, empathisch oder nüchtern ist, auf jeden Fall aber die Gefühlswelten und Befindlichkeiten von Menschen in vielfältigen Lebensumständen und Beziehungsgeflechten ahnen lässt. Auch und besonders dann, wenn sie sich nicht »on the bright side of life« befunden haben. Der von historischen oder auch literarischen Persönlichkeiten aufgebrachte Großmut, ihre Tapferkeit in alltäglichen wie außerordentlichen Herausforderungen, manchmal auch ihr grandioses ehrliches Scheitern erwecken Mitgefühl, stiften Solidarität, relativieren im besten Sinn die eigenen Höhen und Tiefen im Leben – und werden mir so zu einer wichtigen Resilienzquelle.

Während die Zahl dieser papiernen Zeitgenossen also stetig wächst – leider ohne dass der Wohnraum mitwachsen würde, weshalb auch immer wieder einige in »offene Bücherschränke« auswandern müssen –, geht es in der Küche in die andere Richtung. Noch stehen etliche Koch- und Backbücher am Regal, doch liegt mir ein einziges, entsprechend zerlesenes und von etlichen Gebrauchsspuren gezeichnetes – das von meiner Mutter geerbte mit Hausmannskost und einfacher Wiener Küche – wirklich am Herzen und oft in der Hand. Bei der Rezeptsuche hat die Digitalisierung bei mir erfolgreich Einzug gehalten, während der E-Reader gegen das Buch zum Angreifen bisher keine Chance hat. So bleibt mehr Platz für alle neuen Mitbewohnerinnen und Mitbewohner zwischen zwei Buchdeckeln, die sich jeden freien Quadratzentimeter für neue Turmbauten erobern – ja, auch am stillen Örtchen ungestörter Leseminuten und, in labilem Gleichgewicht, auf zwei Nachtkästchen, wo an kein anderes als das Höhenwachstum zu denken ist.

In meiner Berufswelt sind theologische Fachbücher ebenfalls ständige und geliebte Begleiter, in der Programmplanung für die Akademie am Dom aber ebenso Publikationen aus anderen Sach- und Fachgebieten, was der Horizonterweiterung sehr guttut und mich mit Themen ins Gespräch bringt, die ich sonst vielleicht kaum entdeckt hätte. Hier reicht das Spektrum von Politik über Natur-, Kultur- und Geisteswissenschaften bis zu biografischen Werken. In diesem Setting ist der Buchhändler mit seinem Team eine maßgebliche Instanz! Ihn kann ich fragen, er hat den Überblick und gibt Empfehlungen, er kennt und nennt renommierte, interessante Autorinnen und Autoren – und sponsert mitunter deren oft teure Honorare. So ist die Buchhandlung ein Ort zum Erkunden, Schmökern, Austausch, Kennenlernen … Hier muss die Katze nicht im Sack gekauft werden, sondern sie umstreicht erst die Beine, und sobald man Platz genommen hat, hüpft sie auf den Schoß und beginnt zu schnurren. Widerstand ist zwecklos – und man will ihn auch gar nicht leisten. Wie schön übrigens, auch im familiären und im Freundeskreis zu allen möglichen und unmöglichen Anlässen willige und erfreute Leserinnen und Leser beschenken zu können: mit Büchern, die mich selbst beglückt haben, oder auf ihren Wunsch, was wiederum zur eigenen Bildung beiträgt. Beim Lesen gibt es tatsächlich nur Gewinner.

Apropos Familie: Das reifende Alter bringt es mit sich, dass ich wieder öfter die Kinderbuchabteilung aufsuche, denn auch unsere Enkelkinder lieben Bücher – und hoffentlich bleibt es so! Beim Gustieren des Angebots für Drei- und Achtjährige steigen zärtliche Erinnerungen an das geborgene Ritual zahlloser abendlicher Gute-Nacht-Geschichten auf – denen vorgelesen, die jetzt ihren Kindern vorlesen. Ich denke an ein gemeinsam gelesenes Jugendbuch, in dem die politisch verordnete Auslöschung vom Wissen um die Vergangenheit meinem Sohn die Kostbarkeit von Erinnerung bewusst gemacht hat; eine andere meiner Tochter vorgelesene Erzählung rührte an Fragen nach den eigenen Wurzeln … Lebensthemen: ein besonderer Mehrwert von so vielen, die Bücher mit sich bringen. Ein anderer, häufig genannter, scheint sich bei mir nicht recht zuverlässig einstellen zu wollen: Lesen fördere die Gedächtnisleistung, heißt es. Zumindest, was meine Krimilektüre angeht, kann ich das nicht zweifelsfrei bestätigen. Mit dem nötigen zeitlichen Abstand gelesen, kann es schon vorkommen, dass sich der bereits einmal gelöste Fall plötzlich als mein »cold case« erweist – und von Neuem und mit demselben Vergnügen neu aufgerollt werden will … Ein Ende ist glücklicherweise nicht abzusehen.

13 Benedikt Föger
Unerträumte Möglichkeiten

»Natürlich können Bücher den Krieg nicht beenden«, sagt Serhij Zhadan in seiner Dankesrede zum Friedenspreis des Deutschen Buchhandles, »aber Bücher können dir im Krieg helfen, du selbst zu bleiben, dich nicht zu verlieren, nicht unterzugehen.«

Kunst wird die Welt nicht retten, und Literatur gewinnt keine Kriege. Aber sie lässt uns innehalten, aufatmen und Hoffnung schöpfen. Das ist einer der Gründe, warum sich so viele Menschen für Literatur, fürs Büchermachen und für den Buchhandel einsetzen. Wir kleinen und unabhängigen Verlage machen mit Leidenschaft Bücher. Den allergrößten Teil unserer Bücher verkaufen wir über den stationären Buchhandel. Wie selbstverständlich stehen dann dort die fertigen Bücher und warten auf Menschen, die sie sich zu eigen machen wollen. Bevor ein Buch bei der Leserin, beim Leser landet, ist es durch die Hände und Köpfe vieler Menschen gegangen, in den Verlagen, bei der Logistik und den Buchhandlungen. Ein komplexes Geschäft mit engen Gewinnmargen. Buchhändler und Verlagsleute arbeiten aus Überzeugung und Freude an der Sache.

Wer mit Freude arbeiten will, muss diese teilen. Autoren, Übersetzer, Mitarbeiter und die Leserschaft: Gemeinsam bilden wir einen wichtigen Bestandteil der gesamten Kulturbranche. Wer mit Freude arbeiten will, achtet auch auf Ökologie und Nachhaltigkeit. Verschwendung ist eines der Grundübel unserer Gesellschaft. Verschwendung von Zeit, von Material, von Energie und von Ideen. Durch intelligente Planung und effiziente Arbeit schaffen wir als Branche es, diese immanente Verschwendung hintanzuhalten und den gemeinsamen Nutzen für alle in den Vordergrund zu stellen.

Sehen Sie sich einmal in Ihrer Buchhandlung um. Eine Buchhandlung ist ein Ort der Hoffnung, der Freude und der Zuversicht. Und ein Ort, in dem man sich auf etwas einlassen kann, wo man gedanklich Neues und Unerwartetes wagen kann. Eine Buchhandlung ist der beste Ort dafür, sich verführen zu lassen.

14 Ille C. Gebeshuber
Die Magie des Lesens: eine Lebensreise durch Bücher

Als kleines Mädchen habe ich die Werksbibliothek der Voest Alpine Kindberg durchgelesen. Und dann auch die Bibliothek des BG/BRG Kapfenberg. Ich begann bei den Kinderbüchern und war schnell bei den Büchern für die »Großen«. Und dann war auch dort alles aufgelesen, und ich war wieder auf der Suche nach neuem Input.

Mein Leben ist Lesen und Schauen, Staunen und Lernen. Bücher sind ein fundamentaler Teil meines Selbstverständnisses. Ich liebe sie. Sie eröffnen Welten, sie zeigen, was alles geht. »Mit Galaxien spielen«, sagt Genrich Altschuller (alias Genrich Altow) in seiner Kurzgeschichte *Der Hafen der Steinernen Stürme* im gleichnamigen, schwer erhältlichen Bändchen.

Als kleines Mädchen in Kindberg in der Steiermark eröffnete mir Frau Herta Knabl, Besitzerin der Buchhandlung in der Hauptstraße, neue Perspektiven. Immer wenn ich zu Mittag mit dem Schulbus auf dem Weg nach Hause ankam, besuchte ich sie. Die ersten Male drückte ich mich im Verkaufsraum herum, schaute mir dieses und jenes an, blickte in das eine oder andere Buch. Sehr bald bemerkte die kluge Frau mein Interesse. Sie erlaubte mir nicht nur, alle Bücher so lange ich wollte anzusehen, sondern sogar nach hinten ins Lager zu gehen, originalverschweißte Bücher zu öffnen und mich mit ihnen in eine Ecke zurückzuziehen. Stunden über Stunden habe ich bei ihr im Geschäft verbracht, und meine Welt wuchs und wuchs. Danke, liebe Frau Knabl.

Das erste Buch, das ich mir wünschte, war das Mumin-Buch von Tove Jansson. Es steht heute in unserer Wohnung in Wien, und immer wieder gerne sehe ich mir die Widmung meiner Eltern an: »Zu Deinem zehnten Geburtstag«. Von diesem Buch habe ich gelernt, dass man nicht immer alles bekommt, was man will. Dass man nicht immer von denen geliebt wird, die man liebt. Dass Liebe unabhängig von Schönheit und monetärem Wert ist. Von guten Freunden, die zwar nicht immer da sind, aber immer an einen denken.

Warum lese ich?
Ich lese Schund, weil es wunderbar ist, wie in einen Barren Marzipan reinbeißen.

Ich lese, um das Lesen nicht zu verlernen. Gerade in unserer kurzlebigen Zeit mit Handywischen und drei Zeilen lesen und weiterscrollen ist es mir wichtig, lange, geschlossene Bücher oder Artikel zu lesen.

Ich lese mit Begeisterung in alten Brockhaus-Enzyklopädien und am liebsten in verschiedenen Auflagen zum selben Stichwort, durch die Jahrhunderte durch, wie sich die Art, sich auszudrücken, ändert. Wie zum selben Stichwort Verschiedenes wichtig oder unwichtig wird, wie man Politik und Zeitgeist durchschimmern sieht. Anleitungen zum Herstellen einer Opiumtinktur oder von selbstgebrautem Rattengift vermisse ich in aktuellen Lexika. Früher traute man den Leuten noch zu, eigenverantwortlich mit derartigen Informationen umzugehen.

Lesen stärkt die eigene Vorstellungskraft. Man gibt den Personen Gesichter und den Dingen Form. Auf diese Weise ist es möglich, mit den eigenen Gedanken Abenteuer zu durchleben und kreativ zu sein. Das Bunte ist in uns, und wir sollten danach streben, unsere eigenen Bilder aus den Büchern zu erzeugen. Das braucht zwar etwas Übung, aber ich sage den Lesemuffeln immer, dass es das tausendmal wert ist.

Die Auswahl der »richtigen« Bücher ist wegen der unterschiedlichen Geschmäcker nicht so ganz einfach. Wichtig ist, dass man weiß, was einen interessiert, und davon ausgehend versucht, die passenden Bücher zu finden. Ein guter Ansatz ist die alten Klassiker zu lesen, denn viele der alten Bücher haben eine Erzählkraft, die von den heutigen Autoren meist nicht mehr beherrscht wird.

Ich finde es immer sehr spannend und schön, in die Gedanken- und Lebenswelt anderer Menschen einzudringen, indem ich ihre Bücher lese. Oft brauche ich einige Seiten, bis ich in die Formulierungen, Gedankenwelt, Ausdrucksweise des Autors oder der Autorin eingetaucht und sie gewöhnt bin. Diese anfänglichen Schwierigkeiten sind mir sehr lieb und wertvoll, sind sie doch auch nicht reproduzierbar, da ich, selbst wenn ich Jahre später dasselbe Buch nochmals lese, die Art zu schreiben schon kenne.

Ein schlechtes Buch, ein Buch, das mich geärgert hat.
Ich war ganz begeistert vom Film *Betty Blue – 37,2 Grad am Morgen* und kaufte mir daraufhin das gleichnamige Buch von Philippe Djian. Ich weiß noch, wie ich am Hochbett in der Rainergasse lag und voller Erwartung und Freude begann, es zu lesen. Es stieß mich ab. Ich hasste es! Ich brachte es runter in den Hof und schmiss es in den Altpapiercontainer.

Drei Bücher, die ich auf eine einsame Insel mitnehmen würde.
2022 und 2023 machten wir jeweils drei Wochen Standurlaub in Rimini. 2022 las ich dort *Der Name der Rose* von Umberto Eco. 2023 *Das Glasperlenspiel* von Hermann Hesse. Und heuer, 2024, werde ich mir den *Zauberberg* von Thomas Mann zu Gemüte führen. Diese drei Bücher würde ich auch auf die einsame Insel mitnehmen. Und die Bibel.

Welches Buch hätte ich gerne selbst geschrieben?
Ich hatte das unheimliche Glück, das Buch schreiben zu können, das ich gerne selbst geschrieben hätte. Damals, als ich die Anfrage für mein Buch *Wo die Maschinen wachsen. Wie Lösungen aus dem Dschungel unser Leben verändern werden* erhielt, lebten wir noch in Malaysia, und es war mir kein großes Bedürfnis, mein Leben dort niederzuschreiben. Ich sagte widerwillig zu. Dann aber kehrten wir nach Österreich zurück, nach sieben Jahren in den Tropen, und ich schrieb das Buch in den ersten Wochen, in denen ich wieder retour war. Nun ist es meine Erinnerung, mein Vermächtnis, meine Freude. Die ich mit allen, die es lesen, gerne teile.

15 Wilhelmine Goldmann
Nahrung für Geist und Seele

Bücher sind ganz wichtig für mich, waren es immer.

Schon als Kind habe ich viel gelesen. Abenteuerromane und Mädchenbücher. Tom Sawyer und Huckleberry Finn haben mich fasziniert, wenn auch ein bisschen geängstigt. Ich habe Heidi und alle Gulla-Bände verschlungen, ebenso Kästners *Fliegendes Klassenzimmer, Emil und die Detektive, Das doppelte Lottchen* und *Die Konferenz der Tiere*. Immer wieder las ich auch alle Bücher über *Doktor Dolittle und seine Tiere*, während ich Trotzkopf und Karl May mied.

Als Erwachsene interessiere ich mich für Geschichte und lese neben historischen Fachbüchern besonders gerne Biografien, und zwar nicht nur die berühmter Frauen und Männer. Anhand von Lebensgeschichten tauche ich in vergangene und auch gegenwärtige Zeiten ein.

Ein derartiges Buch habe ich zuletzt auch selbst geschrieben und 2023 veröffentlicht. Unter dem Titel *Rote Banditen* beschrieb ich die Lebensgeschichte meiner Eltern und holte die Zwischenkriegszeit aus dem Vergessen und in die Gegenwart. Es ging mir dabei nicht nur darum, meinen Eltern, die zweifellos besondere Menschen waren, ein Denkmal zu setzen, sondern auch darum, die Epoche zwischen 1918 und 1938 zu beleuchten. Ich wollte der Wahrheit über die politischen Hintergründe, die zum Februaraufstand 1934 führten, auf die Spur kommen. Die Ablehnung der ehemals Christlichsozialen gegenüber den Sozialdemokraten setzte sich in der zweiten Republik fort und dauert bis heute an. Woher dieser Hass kommt, versuche ich in meinem Buch zu ergründen. Wieweit mir das gelungen ist, werden die Leser entscheiden.

Buchhandlungen haben für mich eine ganz wichtige Funktion. Sie gehören zu meiner lebensnotwendigen Nahversorgung. Eine sympathische und gemütliche Buchhandlung mit kompetenten Buchhändlerinnen und -händlern in der Nähe ist so wichtig wie Lebensmittelgeschäfte oder ein Supermarkt. Denn Bücher sind Nahrung für Geist und Seele. Mich mit der Buchhändlerin meines Vertrauens über Bücher zu unterhalten, ist immer ein Quell der Freude und neuer Erfahrungen. Diese Quelle war für mich jahrelang Rotraud Schöberl in der Buchhandlung Leporello in der Singerstraße in der Wiener Innenstadt. Brauchte ich zu Weihnachten Geschenke für Freunde und Bekannte, musste ich ihr nur die Interessen der betreffenden Person sagen, und im Nu hatte ich für alle ein passendes Geschenk. Auch wenn die zu Beschenkenden keine engen Freunde waren, merkte ich an ihren freudigen Reaktionen, dass Rotrauds Empfehlungen punktgenau ins Schwarze getroffen hatten.

Seit Rotraud Schöberl und Roswitha Stubenschrott die Buchhandlung Leporello verlassen haben, fehlt mir diese Beratung. Ich weiche nun in die Buchhandlung Leo, die mein Buch auch in die Auslage stellt, oder in die Liechtensteinstraße zur Buchhandlung Orlando aus.

Der Buchhandlung Herder bin ich aus mehreren Gründen verbunden:

Zum einen hat sie eine hervorragend sortierte Kinderbuch-Abteilung, verbunden mit kompetenter Beratung; zum anderen holte dort mein Sohn, der als Lehrer für die Verteilung der Schulbücher seiner Schule zuständig war, jahrelang die Schulbücher für die 1000 Schüler seines Gymnasiums. Und drittens hatte die Buchhandlung Herder mein Buch *Rote Banditen* sofort nach Erscheinen im Oktober 2023 auf dem Tisch für Neuerscheinungen ausgelegt. Herzlichen Dank.

16 Franz Gremmel
Erinnerung an Joseph Strelka

> O Herr, gib jedem seinen eigenen Tod.
> Das Sterben, das aus jenem Leben geht,
> darin er Liebe hatte, Sinn und Not.

Diese Worte aus dem *Stundenbuch* von Rainer Maria Rilke auf der Parte von Univ.-Prof. Dr. Joseph P. Strelka (1927–2022) passen so gut zu ihm – wie Rilke war Joseph Strelka begnadet im Gebrauch der Worte und unermüdlich im Bemühen um Wahrhaftigkeit. Ich sehe die beiden als Brüder in der »Sorge um die Sprache«. Rilke hat diese Sorge in dem Band *Mir zur Feier* verdichtet:

> Ich fürchte mich so vor der Menschen Wort.
> Sie sprechen alles so deutlich aus;
> Und dieses heißt Hund und jenes heißt Haus,
> und hier ist Beginn und Ende ist dort.

> Mich bangt auch ihr Sinn, ihr Spiel mit dem Spott,
> sie wissen alles, was wird und war;
> kein Berg ist ihnen mehr wunderbar;
> ihr Garten und Gut grenzt grade an Gott.

> Ich will immer warnen und wehren. Bleibt fern.
> Die Dinge singen hör ich so gern.
> Ihr rührt sie an: sie sind starr und stumm,
> Ihr bringt mir alle die Dinge um«.

»Darin er Liebe hatte, Sinn und Not«

1) *Not* – ich habe Joseph Strelka als achtzigjährigen alten Mann in einer gesundheitlichen Verfassung kennengelernt, welche seinen baldigen Tod erwarten ließ. Dann aber wurde ich in meiner medizinischen Prognose durch ein Leben in Fülle über weitere dreizehn Jahre eindrucksvoll korrigiert. – »Der Buchstabe tötet, der Geist aber macht lebendig.« (2 Kor 3,6)

2) *Liebe* – Ilona Slawinsky war in den Jahren, in denen ich Professor Strelka medizinisch begleiten durfte, liebevoll an seiner Seite und die Stütze seines Alters. Die beiden in ihrem wertschätzenden und humorvollen Umgang miteinander zu erleben, war mir ein großes Geschenk.

3) *Sinn* – Am 9. Juni 2009 habe ich von Professor Strelka dessen Buch *Arthur Koestler. Autor – Kämpfer – Visionär* mit einer liebevollen Widmung bekommen – und in den Jahren seither alle weiteren Bücher, die dieser unermüdliche Geist trotz Krankheit und hohem Alter geschrieben hat. Vieles in diesen Texten ist für mein eigenes Leben wirkmächtig geworden: *Dichter als Boten der Menschlichkeit, Dante und die Templergnosis, Dante – Shakespeare – Goethe, Begegnungen* – ein Auszug der Werke, die Joseph Strelka im neunten Jahrzehnt seines Lebens verfasst hat.

Im Buch über Arthur Koestler habe ich gelesen:

»Und gegen Schluss des Essays beschwört er für den Tod das Gleichnis eines Flusses, der in den Ozean mündet, welcher für etliche Mystiker den bildhaften Ausdruck der Ewigkeit darstellt. Im Ozean aber verlor der Fluss allen Schmutz und alle Spuren von Geröll, Erde und Sand, doch wird er darum keineswegs vollständig vernichtet. Er wird vielmehr identisch mit dem Meer, ausgebreitet über dieses, allgegenwärtig, jeder Tropfen einen Funken der Sonne empfangend. Der Vorhang ist nicht gefallen, er hat sich gehoben.«

(Am nächsten Morgen hat mich ein Bekannter aus Kirchberg am Wechsel angerufen, um mir zu sagen, dass mein Freund Reinhold Zwerger – *Wege am Athos* – am Vorabend verstorben ist).

Und so komme ich zurück zum Stundenbuch:

Denn wir sind nur die Schale und das Blatt.
Der große Tod, den jeder in sich hat,
das ist die Frucht, um die sich alles dreht.

17 Isabella Guanzini
Der Körper des Textes

Am Anfang, im biblischen Buch der *Genesis*, wird dem Mann und der Frau die Aufgabe übertragen, den Garten bzw. den Text zu pflegen und zu hüten. Der »große Code« (Northrop Frye) wie die große Literatur sind wie ein geheimnisvoller Garten, den es zu besuchen und zu kultivieren gilt, ein Mikrokosmos, der erforscht und bewohnt werden muss, um unsere vielen Mikrokosmen zu verstehen und einen intimeren und wärmeren Kontakt mit der Erde wiederzuerlangen. Wie Kafka einmal sagte: »Ein Buch muß die Axt sein für das gefrorene Meer in uns.« Figuren und Geschichten aus der Vergangenheit können die erstarrte Schicht unserer Gegenwart durchdringen und uns zu ihrer geheimnisvollen Quelle führen. In besonders schweren Zeiten für Einzelne und Gemeinschaften brauchen wir etwas oder jemanden, der uns hilft, das Eis zu brechen, um wie etwas weniger verlorene Fische wieder in den lebendigen und unvorhersehbaren Fluss der Existenz einzutauchen.

Viele Stimmen der großen Literatur gleichen leuchtenden Äxten, die in der Lage sind, das Dunkel unserer Gegenwart zu durchbrechen und den Abgrund zu überwinden: denn sie hatten den Mut, im Chaos zu verweilen und ihm eine Form zu geben, um schließlich, wie weise Bergleute, Lichtpunkte für alle herauszuholen. Es sind vor allem Stimmen, die uns bewusst machen, was wir sind oder was wir sein sollten; es sind Stimmen, die uns trotz der Melancholie und des Winters der Herzen, trotz der Gewalt, der Täuschungen, der Macht und der Enttäuschung einer Menschheit, die in ihren eigenen Illusionen gefangen ist, immer wieder daran erinnern, dass wir alle auf der Suche nach einer Liebe sind,

die uns wieder auferstehen lässt. Denn alles schreit nach Erlösung und sucht nach etwas oder jemandem, der kommt und
verschlossene Türen öffnet, Mauern einreißt und Räume, in
denen man nicht mehr atmen kann, in sanfter Weise weitet. Wir sind auf der Welt, um wie Pflanzen zu wachsen, das
heißt, um uns dem Licht zuzuwenden und Orte zur Entfal-
tung zu finden, um uns von den Wurzeln her auszudrücken.
Deshalb müssen wir den Garten kultivieren, damit unsere
Zweige nicht vertrocknen und Früchte tragen können. Auch
oder gerade durch die große Literatur.

Denn Lesen bedeutet, dass man bereit ist, sich von einem
Text erreichen, ernähren, berühren und sogar schneiden zu
lassen. Ein Buch kann in der Tat zu einer realen Begegnung
werden, welche wie ein Schnitt entscheidend dazu beitragen kann, ein Leben in einzigartiger Weise zu gestalten. Jede
echte Begegnung ist etwas, das das Leben verändert, es neu
ausrichtet und für ein neues Bild der Welt öffnet. So wie jede
Liebe den Charakter eines Schnitts hat bzw. einer Vorher-
nachher-Begegnung, so kann auch das Lesen eines Buchs
eine Liebesbegegnung sein, die über ein Vorher-Nachher des
Lebens entscheidet.

In dieser Weise öffnete Augustinus die paulinischen Briefe, appelliert durch eine rätselhafte kindliche Stimme (»Tolle
lege! *Tolle lege!*« – »Nimm und lies! Nimm und lies!«) –, und
sobald er die Lektüre beendete, »strömte das Licht der Gewissheit« in sein Herz und »jegliche Finsternis des Zweifels
war verschwunden« (*Bekenntnisse*, VIII). Franz von Assisi las
eine volkssprachliche Version der Evangelien, und von diesem Moment an änderte sich sein Leben für immer. Im November 1865 stöberte Friedrich Nietzsche in Herrn Rohns
Antiquariat in Leipzig, als ihn ein Buch mehr als andere an-
zog, Arthur Schopenhauers *Die Welt als Wille und Vorstellung.*
Er beschloss, es zu kaufen und noch in derselben Nacht in

einem Zug zu lesen. Im Morgengrauen des nächsten Tages war er buchstäblich zum Schopenhauerismus bekehrt, so wie man zu einer Religion bekehrt wird. In ihrer Kindheit las Simone Weil zusammen mit ihrem Bruder André Grimms Märchen und liebte besonders *Die Goldmarie und die Pechmarie*. Marie, die Protagonistin, muss sich zwischen einem »Goldthor« und einem »Pechthor« entscheiden. Als sie sich für die pechschwarze Tür entscheidet, wird sie unerwartet ganz von Gold überdeckt, während ihre Stiefschwester, die sich für die glänzende Tür entschieden hat, mit Pech überschüttet wird. Solch pechschwarzes, glückliches Schicksal schrieb sich in ihren kindlichen Körper ein und führte sie später (vielleicht unbewusst) zu dieser Liebe zur Arbeiterklasse, zu ihrer politischen und mystischen Vision, die immer auf der Seite der Schwachen und Unterdrückten stand.

Der Kulturwissenschaftler Roland Barthes sprach nicht ohne Grund von der »Lust am Text«: Beim Lesen eines Satzes, eines Wortes, einer Geschichte fühlen sich die Leserinnen und Leser zu ihnen hingezogen, weil diese Worte mit Lust geschrieben worden sind und die Überzeugung vermitteln, vom Text auserwählt und begehrt zu sein. Dieses Buch, diese Zeilen scheinen für mich geschrieben worden zu sein! Barthes unterscheidet jedoch zwischen einem Text, der das Bestehende »bestätigt«: Ein solcher kommt aus der Kultur und bricht nicht mit ihr, er ist mit einer bequemen Lesepraxis verbunden, die befriedigt und euphorisiert; wohingegen es auch andere Texte gibt, die verunsichern, weil sie einen Zustand des Verlustes und der Desorientierung schaffen. Das Subjekt verliert die Konsistenz seines Selbst, und die kulturellen, psychologischen Annahmen, auf denen sein Geschmack und seine Werte beruhen, geraten ins Wanken: »Das ist jener Moment, wo mein Körper seinen eigenen Ideen folgt – denn mein Körper hat nicht dieselben

Ideen wie ich.« Hier wird der Text zu *einem erotischen Körper* bzw. zum »Textkörper«.

Der Text ist als ein erotischer Körper zu verstehen, nicht nur, weil jedes Buch eine eigene Textur, ein eigenes Gewicht, eine sinnliche Geografie und einen eigenen Duft hat, sondern vor allem, weil jede Lektüre nicht nur den Verstand, sondern auch das Herz und die Affekte anspricht. Man kann nicht ohne Herz lesen, wie die Propheten und Jesus sagten. Wenn das Herz nicht beschnitten ist, sind wir der Härte oder dem Tod eines steinernen Textes ausgeliefert, der uns ohne Appell beurteilt oder uns nichts zu sagen hat.

Auch in dieser Perspektive könnte das biblische, fleischgewordene Wort interpretiert werden, bei dem die ursprüngliche Verbindung zwischen Wort und Fleisch (Joh 1) ausdrücklich zur Sprache kommt. Im Zentrum der christlichen Offenbarung steht eine antignostische, sprachliche Dimension, die das Wesen des Körpers hat und sich am Schnittpunkt von Biologie und Sinn, Fühlen und Denken bewegt: Es ist ein Amalgam aus Libido und Signifikanten, Gefühl und Bedeutung. In der biblisch-christlichen Tradition ist tatsächlich der Logos der Sohn, nicht einfach Gesetz und Begriff, so wie der Sohn der Logos ist, nicht einfach sprachloser Körper. Das Wort ist Körper, nicht nur Mitteilung oder Zeichen.

Deshalb kann man sich in ein Buch verlieben, wie in einen Körper, der nie nur ein Körper ist, sondern auch ein Text, eine Geschichte und ein Schreiben, das weitergeht, auch nach dem Tod, weil es immer neu gelesen werden kann.

18 Magda Hassan
Mit Büchern die Welt entdecken

>»Manches Buch ist wie ein Schlüssel zu unbekannten Räumen innerhalb des eigenen Schlosses.«
>
> Franz Kafka

In meiner Buchhandlung gibt es eine Rutsche. Diese Buchhandlung, die ich meine, ist nicht wirklich *meine* Buchhandlung. Genauso wenig, wie die Bäckerei am Eck *meine* Bäckerei ist oder mein Postamt oder mein Park. Diese Plätze sind nicht *mein*, und doch machen sie meine Welt aus. G*emein*sam ergeben sie die Landkarte meines Lebens. Sie erleichtern meinen Alltag, weil sie mir zu gewohnten und bekannten Plätzen geworden sind, an denen ich mich nicht mehr orientieren muss, weil ich sie kenne. Vielmehr helfen sie mir dabei, mich zu orientieren, meinen Weg zu finden.

Den Weg in meine Buchhandlung finde ich immer. Nicht immer nehme ich die Rutsche, um in die Kinderbuchabteilung im Untergeschoss zu gelangen. Meistens dann doch die Stiege, Stufe für Stufe, und ich freue mich jedes Mal wieder über die bunte Welt, die sich hier für mich eröffnet.

Von hier aus finde ich an vielerlei Plätze: in verborgene Dschungel, ferne Dörfer oder an geheimnisvolle Orte ganz in meiner Nähe. All diese Plätze, ihre Geschichten und Charaktere gibt es wirklich. Schließlich entstammen sie den fantastischen Welten der menschlichen Kreativität und spiegeln damit den Menschen in seinem Urwesen wider. Mit jedem Buch, das ich aufschlage, blicke ich in diesen Spiegel und in die Räume, die sich dort auftun. Ich sehe mich selbst durch den dichten Wald stapfen, dem Meer begegnen, Abenteuer bestreiten. Und jedes Abenteuer ist eine Erfahrung mehr, ein

Ausprobieren, ein Sich-selbst-Entdecken. Bücher lehren uns Empathie und Mitgefühl: für die Helden und Heldinnen im Buch, füreinander und für uns selbst. Besteht darin nicht die Qualität eines guten Buchs – gleichgültig, ob es nun für Erwachsene oder Kinder geschrieben wurde?

So stehe ich also inmitten dieser bunten Welt der Kinderbücher, inmitten dieser Buchhandlung, die mir so vertraut ist, dass ich jeden Winkel zu kennen glaube. Und doch entdecke ich hier immer wieder etwas Neues: faszinierende Ideen und grandiose Kunstwerke, die zwischen zwei Buchdeckeln verborgen liegen. Kinderbücher müssen entdeckt werden – schließlich sind ihre Leserinnen und Leser auf der Suche nach echten Abenteuern.

Kinderbücher sind echte Schätze und eine sehr besondere Kunstform. Sie schaffen es, mit knappen Mitteln, kurzen Texten und oft eindrucksvollen Bildern direkt zu erzählen, mitzureißen und Emotionen zu wecken. Weil sie den Mut haben, zu spielen, in aller Ernsthaftigkeit. Weil ihre Illustrationen einen Einblick in die weiten Welten der bildenden Kunst darstellen und weil sie wiederum Bilder in den Köpfen der Leserinnen und Leser entstehen lassen können. Weil sie Menschen schon in jungen Jahren neue Wege und Möglichkeiten aufzeigen und sie an Orte bringen, die sie sonst vielleicht nie besuchen würden. Weil sie die Fähigkeit stärken, das Unmögliche zu denken und in die Welt zu bringen.

Meine Buchhandlung ist mir Wegweiser und Landkarte. Sie gibt mir Orientierung und Sicherheit. Und wenn ich einmal nicht weiterweiß, nickt sie mir aufmunternd zu, die nächste Seite aufzuschlagen.

19 Manuel Herder
Bücher und künstliche Intelligenz

Es gibt Bücher, die braucht kein Mensch. Gut so. Das Schöne an einem Buch nämlich ist, dass man es gar nicht mehr braucht: Man will es!

Das war vor der Digitalisierung ganz anders. Da brauchte man das Telefonbuch oder den Straßenatlas, das Kochbuch oder den alljährlich auf Dünndruck veröffentlichten Plan der Bahn, das sogenannte Kursbuch. Das Papier war ein Informationsträger. Information und bedrucktes Papier bildeten eine unauflösliche Gemeinschaft. Wo das bedruckte Papier nicht war, waren die Information auch nicht. Das galt für ein Lexikon genauso wie für Fahrkarten.

Dann kam die Digitalisierung. Mit ihr emanzipierte sich das gedruckte Wort vom Papier und verselbständigte sich, zunächst auf flimmernde Bildschirme und später auf papierähnliche Smartphones und Lesegeräte. Die Geschäftsgrundlage einer ganzen Branche brach weg, und sie musste sich neu erfinden. So ähnlich wie vor einigen hundert Jahren die West India Company oder die East India Company die Fähigkeit entwickelten, neue Kontinente zu erschließen und ganze Völker zu unterwerfen, entwickelten Google, Amazon, eBay und Co. die Fähigkeit, einen Bereich der Gesellschaft nach dem anderen und somit eine Branche nach der anderen zu erschließen und den neuen digitalen Spielregeln zu unterwerfen. Disruption nannten es die Eroberten und Konsolidierung einer Branche die Eroberer. Eine der allerersten Branchen, die diese Erfahrung zu machen hatten, war die Buchbranche. Amazon begann seine weltweit einmalige Erfolgsgeschichte ja mit Büchern und wurde von da aus innerhalb einer Generation vom

Garagen-Start-up zur weltumspannenden Handels- und Datengroßmacht.

Was wir in den letzten Jahren mit der Digitalisierung erlebt haben, wird in der Weltgeschichte zu den größten paradigmatischen Veränderungen gehören und neben der Beherrschung des Feuers und der Erfindung des Rads, mit der Dampfmaschine und der damit einhergehenden industriellen Revolution auf einer Stufe stehen. Zumindest dachte ich das noch bis Ende 2022.

Wie schon erwähnt, war unsere Branche, der Verlagsbuchhandel, eine der ersten, die es umfänglich getroffen hat. Als wir uns schon in Agonie befanden und das Gefühl hatten, man habe uns auf den Kopf gestellt und dann wie in einer Waschmaschine mit dem Drehen angefangen, waren andere Branchen noch in ihrer glücklichen, analogen Welt beheimatet und fragten mitleidig, was mit uns los sei. Schmerzhafte Jahre des Wandels folgten. Irgendwann hatten wir es aber hinter uns. Jede Buchhandlung konnte so schnell liefern wie der übermächtige Wettbewerber, jeder Verlag konnte seine Texte auch als E-Book anbieten, und der gesamte Prozess zwischen den unterschiedlichen Branchenteilnehmern lief über digitale Plattformen. Auch in der Versorgung mit Lesegeräten arbeitet die Branche gut zusammen. Keine Buchhandlung im gesamten deutschsprachigen Raum, die nicht ein eigenes Lesegerät anbieten könnte, wenn sie wollte. Eine großartige Entwicklung. Ich lehnte mich zufrieden zurück und trug auf Vorträgen oder in Workshops vor, dass unsere Branche die größten Veränderungen durchgestanden habe. Ich erklärte dem erfreuten Publikum, dass in den nächsten Jahren keine spielverändernden technischen Neuerungen zu erwarten seien und wir als Branche jetzt die Möglichkeit hätten, uns in aller Ruhe auf die Gegebenheiten unserer neuen Welt der demografischen und gesellschaftlichen Veränderungen vorzubereiten. Das letzte Mal trug ich meine Gewissheiten im Dezember 2023 vor. Ich feierte genüsslich Weihnachten und begrüßte das neue Jahr – und mit ihm einige Wochen später ChatGPT Es ist die für alle kostenlos zugängliche, künstliche Intelligenz.

Schlaflose Nächte. Ich hatte mir sofort einen Nutzer-Account zugelegt, saß Stunden um Stunden vor meinem Tablet-PC und stellte eine Frage nach der anderen. Die Tatsache, dass dieses Tablet eine Diktierfunktion hat, sodass ich meine Fragen noch nicht mal tippen muss, sondern einfach einsprechen kann, erhöhte die Sogwirkung, die meine neue Brieffreundschaft auf mich ausübte. Eine Brieffreundschaft per Chat. Ein dauernder Austausch durch Frage und Antwort mit einem leblosen, aber zugleich lebendig agierenden Phänomen.

Um Missbrauch zu vermeiden, hat der Hersteller für jedes Konto eine zeitliche Begrenzung eingebaut, an deren Ende man für einige Stunden warten muss, bis man weiter fragen kann. Rückwirkend mag es erheiternd klingen, aber tatsächlich stellte ich mir den Wecker auf genau diese Anzahl von Stunden, schlief genauso lang, weckte mich, um dann gleich weiter zu fragen. Mit ein paar Euro im Monat kam dann noch die Berechtigung dazu, die künstliche Intelligenz Bilder machen zu lassen. Ein aufgeschlagenes Buch im Stil von Caravaggio oder Dalí oder Picasso oder Kandinsky. Stillleben mit Käse und Rotwein im Stile der alten Meister oder – völlig unsinnig – im Stile japanischer Holzschnittkünstler des vorletzten Jahrhunderts und mit dem Berg Fuji im Hintergrund. Völlig unsinnig und doch möglich – ja sogar schön anzusehen. Ich ließ mir Porträts von Julius Caesar auf Basis der von ihm bekannten Statuen und Büsten bis einhundert nach Christus machen oder Porträts von Goethe in seinen unterschiedlichen Lebensjahrzehnten.

Meine künstlerisch agierende Brieffreundschaft erfüllte mir die Wünsche in Sekundenschnelle und gemäß der gemachten Vorgaben. Bei Goethe sollte sie den Durchschnittswert der von ihm bekannten Porträts ermitteln. Dann ließ ich mir die Ergebnisse als Fotos, Zeichnung oder Bronzebüste darstellen.

Aber was lässt sich schriftstellerisch damit machen? Ich wies die künstliche Intelligenz zunächst an, mir Sagen, Anekdoten oder Begebenheiten aus unterschiedlichen Regionen zu benennen, und gab ihr dann die Anweisung, diese in Kurzgeschichten mit Personen zu verarbeiten, die ich stichwortartig beschrieb. Sie spuckte mir im Gegenzug zu meinen Vorgaben Literatur aus. Ich las diese und gab Befehle zurück: »Zu langweilig. Noch mal. Aber diesmal besser!« Sekunden später las ich die veränderte Geschichte. Das Spiel ließ sich beliebig oft wiederholen: »Noch mal. Aber mit mehr Romantik!« Oder: »Noch mal, aber mit dem Gegenteil von Happy End!« Oder: »Selbe Geschichte, aber jetzt an der Nordsee statt am Bodensee.« Es war atemberaubend, und ich war gefesselt von einem Gefühl zwischen Euphorie und Agonie. Ich meldete mich unter anderem Namen, versteht sich, auf einer literarischen Plattform an, wo Hobbyautoren ihre Texte gratis veröffentlichen können und Leseratten gratis Lesefutter finden und es dann beurteilen. Einige der künstlichen Geschichten veröffentlichte ich auf dieser Plattform und war erstaunt, dass schon nach wenigen Stunden die ersten Likes geliefert wurden.

Ich lernte, dass meine Brieffreundschaft auch Computerprogramme ausspucken kann oder Konzepte für Häuser, Autos oder Schiffe. Ich ließ mir rote Hochhäuser im Stil des Neobarock konzipieren, die zu unserem Verlagshaus in Freiburg passen sollten. Ich ließ sie zeichnen, fotografisch darstellen oder als Bauplan liefern. Ich beauftragte Konzepte von

Hochhäusern im Stil gotischer Kirchen, griechischer Tempel oder als Holzbauten.

Einige Tage später bat ich meine studentische Hilfskraft, ein Kinderbuch ausschließlich mit den Mitteln der KI zu entwickeln, also Text und Bild. Ich machte genaue Vorgaben für die Anzahl der Seiten und Bilder und untersagte, dass irgendeine händische Arbeit daran gemacht wurde. Es sollte alles ausschließlich auf dem Weg des Abfragens erstellt werden. Ich bat darum, dass der gesamte Prozess des Fragens und Zusammenstellens per Stoppuhr begleitet würde. Dann wartete ich, bis die PDF-Vorlage bei mir einging. Das fertige Kinderbuch mit Cover war in Text und Bild durchaus lesbar. Allerdings todlangweilig. Aber es hatte lediglich dreieinhalb Stunden gedauert, bis es fertig war.

Also machte ich mich ans Werk zu testen, wie schnell man buchähnliche Inhalte mit der neuen Technologie entwickeln kann. Ich ließ mir Reiseführer und Reiseprogramme schreiben: drei Tage Rom mit Schwerpunkt Antike oder mit der Vorgabe, Antike, Renaissance und katholisches Rom gleichermaßen zu behandeln. Oder ein Besuchsprogramm, um das linksökologische, klimabewusste LGBTQ-Rom in drei Tagen zu erleben. Ich ließ europäische Routen nach verschiedenen Denkmälern, Kunst oder sonstigen Interessen anfertigen – mal mit Fahrrad, Auto oder öffentlichen Verkehrsmitteln. Ob die Reisepläne, die mir geliefert wurden, im echten Leben besser gewesen wären als es das Kinderbuch war, kann ich nicht beurteilen, denn ich habe ja keine der Reisen unternommen. Die Faszination lag darin, dass die Reisen, ihre Planung und die Erklärungen in Sekundenschnelle auf meinem Bildschirm erschienen und gelesen werden konnten – Fernweh inklusive.

Ich ließ mir spirituelle Texte im Stil bekannter Autoren schreiben. Ich machte genaue Vorgaben. Ich wies an, dass sie in evangelische oder katholische Diktion zu bringen seien. Die Ergebnisse mögen alle nicht perfekt gewesen sein, aber faszinierend waren sie allemal. Ebenso wie Textbausteine, die ich wahlweise in Balladen im Stil von Goethe oder als Haiku im Stil von Matsuo Basho ausspucken ließ. Meine digitale Brieffreundschaft tat alles für mich, ohne sich je über die Arbeitszeit zu beklagen oder nach Überstundenabbau zu fragen.

Für meine Mitmenschen war ich in der Zwischenzeit zur Plage verkommen. Ein Mann, der nur noch ein Thema hatte und mit dem man ansonsten über nichts mehr gescheit reden konnte. Ich muss gestehen, dass mir in dieser Zeit der Chat in Text und Bild mit der digitalen Brieffreundschaft am Tablet wichtiger war als der Austausch mit echten Menschen.

Am Ende ging es mir aber wie Jim Preston, der Hauptfigur des US-amerikanischen Science-Fiction-Films *Passengers* von 2016. Preston unterhält sich oft mit dem wie ein Mensch aussehenden und agierenden künstlichen Barkeeper, dem Androiden Arthur, um seine Einsamkeit in einem Raumschiff zu lindern, in dem er eigentlich dauerhaft schlafen sollte, um eine hundert Jahre dauernde Passage zu überleben, anstatt lange vor Ankunft ungeplant wach zu sein. Während ihrer Gespräche entwickelt Jim zunächst eine freundschaftliche Beziehung zum digitalen Arthur, findet aber schließlich keine tiefere Befriedigung in diesen Interaktionen, weil Arthur als Maschine eben keine echten menschlichen Emotionen hat und kein Verständnis bieten kann.

Ich war wieder zurück im Leben. Gut. Und was jetzt?

Zunächst war da die Erkenntnis, dass die bisherige Digitalisierung nur das Vorspiel war. Bislang war Digitalisierung ein Instrument von uns Menschen. Ein digitales Hilfsmittel, vergleichbar dem Auto, das unsere Wegeffizienz von fünf Kilometer die Stunde zu Fuß auf weit über hundert Kilometer die Stunde auf Rädern bringt. Aber wir sitzen am

Steuer. Bei der KI werden wir neben dem Steuer sitzen.
Sie ist wie eine neue Spezies, wie ein neuer Mitbewohner,
der als digitaler Neozoon auf unseren Planet eingewandert
ist. Sie wird zunehmend und ständig um uns herum sein.
Sie wird vielen viel Arbeit abnehmen und deren Effizienz
ungeahnt steigern. Sie wird Wissenschaftlern helfen, Diag-
nosen früher und effizienter zu stellen, und Geheimdiens-
te dabei unterstützen, die Gesellschaft, auf die sie angesetzt
werden, schneller und effizienter zu kontrollieren. China
liefert schon jetzt einen Vorgeschmack auf das, was auf diese
Weise möglich ist.

Nichts wird mehr sein, wie es war. Die neue Spezies wird
ständig um uns herum sein. Sie wird unsere Smartphones
oder Autos zu Gesprächspartnern auf Augenhöhe machen.
Hatte unser Küchenherd einst Knöpfe und Schalter, hat er
jetzt schon ein Display. In Zukunft wird er mit uns reden, so
wie der künstliche Barkeeper in dem erwähnten Film. Der
Herd wird kein Mensch sein, aber die Spezies, die ihn mit
uns verbinden wird, wird so tun als ob. Wir werden unseren
Planeten mit Maschinen teilen, die uns gegenüber glaubhaft
so tun werden, als wären sie wie wir. Die neue, digitale Spezies wird aber schneller und effizienter sein als wir. Nicht nur
wie ein Auto im Vergleich zu einem Fußgänger, sondern eher
wie ein Düsenjet.

Und dann kam die zweite Erkenntnis, nämlich dass es
jetzt noch mehr Bücher gibt, die kein Mensch braucht. Wie
lange werden Reiseführer noch gebraucht, wenn man sie sich
individuell aufs Handy oder Lesegerät zaubern können wird?
In dem Maße, wie künstliche Intelligenz die Gesellschafts-
schichten, Branchen und Professionen durchdringen wird,
werden technische Fertigkeiten in den Hintergrund treten.
Intellektuelle Fleißarbeit von Anwälten oder Architekten
werden diese selbst an die KI delegieren. Dem Besuch beim

Arzt oder einer Behörde wird zunächst ein Gespräch mit der KI vorausgehen.

Fachliches erledigt die KI. Im Gegenzug wird das Geistige, das Intellektuelle und das Kulturelle eine neue Bedeutung bekommen. Nur wer Zusammenhänge verstehen kann, kann die KI für sich nutzen. Meine Vermutung ist heute, dass es die Kunst des Verstehens sein wird, die auf Dauer unser menschliches Privileg ist und uns befähigen wird, die neue Spezies, die uns mit ungeahnter Intelligenz digital imitiert, zu beherrschen.

Verstehen ist mehr als lernen, wissen oder kombinieren. Verstehen ist verstehen. Je mehr der Mensch liest, Romane, Biografien, Sachbücher oder spirituelle und geistliche Texte, desto mehr lernt er zu verstehen. Lesen ist wie geistiges Joggen. Man muss es nicht machen, man will es, weil man erkennt, dass es einem guttut.

In diesem Sinne finde ich es bemerkenswert, dass sich im Buchhandel von den Alpen bis zur Nordsee in den letzten Jahren ein Phänomen breitgemacht hat: Es kommen wieder mehr junge Leute in die Buchhandlungen. Am 2. Mai 2023 vermeldete das *Börsenblatt* des deutschen Buchhandels, dass die Altersgruppe der 16- bis 29-Jährigen zwischen 2017 und 2022 pro Kopf 24 Prozent mehr Bücher gekauft und acht Prozent mehr Geld dafür ausgegeben habe. Die jungen Leute kommen oftmals wegen der Mangas, einer japanischen Form des Comics, welche sich durch ihren besonderen Stil und ungewohnte, bisweilen tiefgründige Geschichten auszeichnen. Sie kommen wegen der Fantasy-Romane. Sie kommen wegen Büchern, die kein Mensch braucht – aber viele haben wollen. Gut so. Möglicherweise steht das Buch jetzt, wo es kein Mensch mehr braucht, vor seinem größten Comeback.

»Ein Buch lesen – für mich ist das
das Erforschen eines Universums.«
Marguerite Duras

20 Andrea Heumann
Tore zu anderen Welten

Bücher sind für mich viel mehr als nur bedruckte Seiten. Sie sind Tore zu anderen Welten, Schätze an Wissen und Emotionen, Begleiter in einsamen Stunden und Inspirationsquellen für das tägliche Leben. Jedes Buch birgt das Potenzial, unser Denken zu erweitern und uns neue Perspektiven zu eröffnen. Gerade Buchhandlungen sind für mich ganz besondere Orte der Inspiration und Entdeckung. Als Kind wollte ich Flugbegleiterin werden, wohl um meinen Horizont zu erweitern und Neues zu entdecken. Eine Buchhandlung ist dabei wie eine Konzentration aus Raum und Zeit – hier finde ich Ruhe und Inspiration zugleich.

Eine meiner schönsten Erinnerungen an eine Buchhandlung ist, wie ich dort mit meiner Tochter im vergangenen Frühjahr übernachten durfte. Ganz nach dem Motto »Wien bleibt wach: Die Thalia Lesenacht« schenkte uns die einzigartige Veranstaltung eine Nacht voller Literatur und Gemütlichkeit. Ein Event, das uns Buchfans die Möglichkeit bot, uns der Leidenschaft für das geschriebene Wort in einer Nacht voller Magie hinzugeben. Von Freitagabend bis in die frühen Morgenstunden des Samstags konnten wir in der Welt der Bücher schwelgen, und wir schliefen sogar ein paar Stunden in der Kinderabteilung der Wiener Buchhandlung. Diese Lesenacht war nicht nur eine Gelegenheit zum Stöbern und Lesen, sondern auch ein unvergessliches Erlebnis für meine Tochter und mich.

Ein Buch, das mir besonders am Herzen liegt, ist *Der kleine Prinz* von Antoine de Saint-Exupéry. Es begleitet mich seit meiner Kindheit, und seine Weisheiten berühren mich auch heute noch tief. Das Buch erinnert mich daran, das Wesentliche im Leben zu sehen und nie den Blick für die kleinen Wunder des Alltags zu verlieren. Ich lese, weil es mich glücklich macht. Lesen ist für mich eine Auszeit aus dem Alltag, eine Möglichkeit, Abenteuer zu erleben und neue Dinge zu lernen. Es beruhigt mich und gibt mir gleichzeitig neue Energie.

In unserer schnelllebigen digitalen Welt bietet das Lesen eine seltene Gelegenheit zur Entschleunigung. Man ist in diesem einen Moment nicht abgelenkt. Deine Gedanken, was du liest, zwingen dich, im Hier und Jetzt zu verweilen. Lesen fördert Konzentration und Empathie und ermöglicht tiefere Einsichten in komplexe Themen. Es sollte nicht nur als Freizeitbeschäftigung, sondern als essenzielle Fähigkeit und Quelle der Inspiration betrachtet werden. Man sollte lesen, was einen anspricht und interessiert, sei es Belletristik, Sachbuch oder Poesie. Wichtig ist, dass das Buch die Neugier weckt und zum Nachdenken anregt.

Auf eine einsame Insel würde ich *Die unendliche Geschichte* von Michael Ende und *Moby Dick* von Herman Melville mitnehmen. Diese Bücher bieten eine unerschöpfliche Quelle an Geschichten und Weisheiten, die mir Trost spenden würden. Ein Buch, das ich gerne geschrieben hätte, wäre *Harry Potter und der Stein der Weisen*. J. K. Rowling hat es geschafft, eine ganze Generation zum Lesen zu bringen und eine so lebendige und detaillierte Welt zu erschaffen. Ihre Buchreihe zieht sowohl Kinder als auch Erwachsene in ihren Bann und feiert die Magie des Lesens. Sie begeistert nicht nur eine Generation, sondern fasziniert auch heute noch generationsübergreifend.

21 Teresa Hieslmayr
Wie ich lesen lernte

»*Was* liest du denn gerade?«

Diese Frage gehört geradezu zum guten Ton in Gesprächen unter Bücherfreundinnen und -freunden. Man erzählt einander von den neuesten Buchentdeckungen und holt sich Tipps, sowohl für die eigene Lektüre als auch für Buchgeschenke.

»Was liest du denn *gerne*?«, lautet eine andere häufig gestellte Frage rund ums Lesen. Geben uns doch die Antworten nicht nur einen Anhaltspunkt über ein mögliches Gesprächsthema, sondern sagen uns auch etwas über die Person, mit der wir es zu tun haben, nach dem Motto: »Sage mir, was du liest, und ich sage dir, wer du bist.«

Seltener, aber aufschlussreich ist weiters die Frage: »*Warum* liest du gern?«

Die einen motiviert ihr Wissensdurst dazu, ein Sachbuch in die Hand zu nehmen, so manche greifen aus einer spirituellen Sehnsucht zu theologischer Lektüre, wieder andere schwelgen gern in den romantischen Gefühlen eines Liebesromans oder suchen die Spannung eines fesselnden Krimis. Ja, es gibt viele gute Gründe, um zu lesen.

Kaum bedacht hingegen und dennoch nicht weniger interessant scheint mir aber die Frage: *Wie hast du lesen gelernt?*

Wer oder was hat dich dazu bewegt? Waren es, wie mir eine Freundin von ihrer Tochter erzählte, die Lettern auf den Werbeplakaten, die dich neugierig machten? Oder musste man dich in der ersten Schulklasse dazu zwingen, dich mit Buchstaben und Wörtern auseinanderzusetzen? Oder …?

Zu meinen frühesten und wohligsten Kindheitserinnerungen gehören jene, in denen ich neben meinem Vater am

Bett sitze, auf der anderen Seite mein Zwillingsbruder, wir beide um die fünf Jahre alt. Mein Vater hat ein Buch auf den Knien und liest uns vor. Es ist Abend, mein Bruder und ich sind im Pyjama, bereit zum Schlafengehen. Ich liebte es, vorgelesen zu bekommen. Obwohl es immer die gleichen Geschichten aus den immer gleichen Büchern waren, konnte ich nie genug bekommen von den Erzählungen über den kleinen Hasen, die Hexe Kniesebein oder den Zauberer Hatschi Bratschi. »Noch eine Seite! Noch ein Kapitel!«, versuchten wir unseren Vater zu überreden und damit ganz nebenbei den Zeitpunkt des Einschlafens hinauszuzögern.

In meiner Erinnerung hat mein Vater aber ein ganz anderes Buch in der Hand. Ein Buch, das sich übrigens bis heute in der Kinderbuchabteilung der Buchhandlung Herder in der Wiener Wollzeile findet: *Pony, Bär und Apfelbaum*. Das Besondere an diesem Kinderbuchklassiker ist nicht sein Inhalt, sondern, dass im Text anstatt einzelner Wörter ein Bild abgedruckt ist. Etwa das Bild eines Baums anstatt des entsprechenden Worts oder mehrere Bäume anstatt des Worts Wald. Mein Bruder und ich konnten auf diese Weise das Buch gemeinsam mit unserem Vater lesen: »Dort stand ein großer« … »Baum«, ergänzte mein Bruder. »Und an dem Baum hingen viele«… »Äpfel«, nun war ich an der Reihe. Ich weiß nicht, wie viele Male wir dieses Buch schon gelesen hatten. Längst kannte ich den Fortgang der Geschichte, deren Plot ich übrigens schon damals mäßig originell fand. Mein Interesse galt vielmehr den Wörtern und Buchstaben, die zwischen den Bildern standen. Das eine Wort zwischen dem Bären und dem Pony musste ein *und* sein. Aufmerksam folgte ich dem Finger meines Vaters, der die Zeilen entlangfuhr. »Was steht hier?«, unterbrach ich und deutete auf einen längeren Begriff, der mit einem großen Buchstaben begann. So eignete ich mir ein Wort nach dem anderen an, bis ich schließlich

Wort für Wort dem Lesefluss meines Vaters folgen konnte. Von nun an entging mir nichts mehr. Mit Argusaugen beobachtete ich, ob er sich an den geschriebenen Text hielt, forderte jedes *Aber* und *Auch* ein und protestierte, wenn er einen Satz anders formulierte, als er dastand, sei es aus Fabulierlust oder um die Lektüre der fortgeschrittenen Uhrzeit wegen abzukürzen.

Als Nächstes wagte ich mich alleine an ein Buch. Zunächst an eines von jenen, die mir schon vertraut waren, bald aber griff ich mit Neugier zu neuen Büchern. Was für eine Freiheit! Endlich war ich nicht mehr darauf angewiesen, dass sich jemand Zeit nahm, um mir vorzulesen! Ich musste nicht mehr mit meinem Bruder darum streiten, welches Buch heute an der Reihe war, und die elterliche Drohung: »Wenn ihr nicht brav seid, gibt es heute kein Vorlesen!« schreckte mich nicht mehr. Jetzt war ich selber Herrin über Buchstaben und Wörter, und nichts konnte meine Leselust stoppen, außer das Ende des Buchs oder der Erzählung.

Eine neue Ära in meiner Kindheit hatte damit begonnen, jene, in der ich abends heimlich und verbotenerweise und längst nach dem Gute-Nacht-Sagen so lange las, bis meine Augen die Buchstaben im Halbdunkel nicht mehr auseinanderhalten konnten und müde zufielen.

Übrigens: Eine eigenartige Begebenheit zog unsere frühzeitige Lesefähigkeit im Kindergarten nach sich. Auch dort wurde uns vorgelesen, zu meinem Leidwesen auch Bücher, die wir von zu Hause kannten. Als mein Bruder und ich unserer Kindergartenpädagogin stolz zeigen wollten, dass wir bereits selber des Lesens mächtig waren, glaubte sie uns nicht. Ich erinnere mich noch genau an meine Entrüstung, als sie uns unterstellte, wir würden das Buch nicht lesen, sondern auswendig rezitieren. Nicht einmal, als wir ihr eine Buchseite vor die Nase hielten und ihr Wort für Wort anzeigten, was wir lasen, schenkte sie uns Glauben, sondern meinte, wir hätten den Text lediglich genau im Kopf.

Wie sich doch die Verhältnisse ändern! Was mir damals eine große Sache erschien – lesen zu können –, ist mir heute eine Selbstverständlichkeit. Hingegen scheint mir heute begehrenswert, was ich damals als eine Kleinigkeit ansah: ganze Bücher auswendig im Kopf und im Herzen zu behalten.

22 Michael Hofer
Blickrichtungen und Leseerfahrungen

Einmal hatte ich wirklich Pech! Dabei war die Situation insgesamt günstig, denn: Eine Tante verpflichtete sich, mir ab meinem achten bis zum zwanzigsten Lebensjahr zu Weihnachten ein Buch zu kaufen. Da kam über die Jahre eine recht ansehnliche Auswahl zusammen. Die Damen und Herren der Buchhandlung, die meine Tante frequentierte, leisteten offensichtlich vorzügliche Beratung. Aber einmal, wie gesagt, hatte ich Pech: Ihre Wahl fiel auf einen Band mit dem unvergesslichen Titel *Die schönsten Tiergeschichten*. Auf dem Schutzumschlag war eine Stute mit Fohlen zu sehen. Ich gab mir redlich Mühe, unternahm mehrere Anläufe, aber es blieb dabei: Das war das erste Buch, das ich nicht fertiglas. Dieser Umstand nahm mich offensichtlich in Anspruch, denn ich nahm mir vor, bei keinem Buch künftig die Lektüre abzubrechen. Lieber wollte ich sorgfältig abwägen, ob ich es tatsächlich lesen sollte. Eine Zeitlang, in meiner Erinnerung die ganze Schulzeit, bemühte ich mich, das beizubehalten. Bei manchen der Bücher, die mich durch meine Tante erreichten, war das übrigens auch ganz leicht: besonders eindrucksvoll ist mir *Der Meister und Margarita* in Erinnerung geblieben, übrigens mit Zeichnungen von Hans Fronius.

Bei manchen Büchern kann ich mich erinnern, wo und etwa wann ich sie gelesen habe. Da gibt es Leseerfahrungen, die immer wieder auftauchen. Ausgelöst werden die Erinnerungen auf vielen Wegen: durch den Titel, durch einen Splitter aus dem Inhalt oder etwa auch durch die materiale Gestalt des Buchs, das man in Händen hält.

Eine besondere Erfahrung in Bezug aufs Lesen kommt mir immer wieder in den Sinn: Der Zug war voll. Die Luft war schlecht im Großraumwagen. Irgendwo fand ich noch Platz, über Taschen hinwegsteigend. Dann saß ich da und rückte mich zurecht. Sollte ich ein Buch herausnehmen und lesen? Zunächst sah ich mich um. Mir gegenüber saß ein junger Bursche, höchstens zwanzig. Er war vollkommen absorbiert, nichts schien ihn zu stören, nichts schien ihn von seiner Konzentration abbringen zu können.

Unter den gegebenen Umständen wollte ich mit dem Lesen noch warten. Zu eng, zu laut, zu unbequem. Mein Gegenüber blieb unbeirrt bei seiner Sache. Ich dagegen zögerte, mit meiner überhaupt zu beginnen. Der junge Mann war ganz dabei. Ein Mienenspiel war kaum zu beobachten, eher war es gleichmäßiger Ernst, mit dem er in rasendem Rhythmus sein Handy bearbeitete. Vermutlich war es irgendein Spiel. War er Teil des Spiels, oder legte sich nicht vielmehr der Eindruck nahe, dass er ein Teil seines Handys war, geradezu mit ihm verschmolzen? Die Reiz-Reaktion-Abläufe, aus denen das Spiel bestand, verlangten seine ganze Aufmerksamkeit. Während es meinem Gegenüber gelang, diese Konzentration aufzubringen und aufrechtzuerhalten, war ich am Überlegen, ob ich unter den gegenwärtigen, lästigen Umständen überhaupt mein Buch herausnehmen sollte.

Mir war klar, dass es mir schwerfallen würde, ins Lesen hineinzufinden; und selbst wenn mir das gelänge, würde ich dann auch dabeibleiben und mich nicht ständig davon abbringen lassen? Die Art und Weise, wie mein Gegenüber an das Spiel weggegeben war, hatte ich beim Lesen nur selten, vielleicht nie erreicht. Liegt das an mir oder hat es auch mit anderem zu tun? Wie mein Gegenüber versunken war, alles um sich herum vergaß hatte etwas Beeindruckendes an sich. Sonst ist das nur Kindern möglich.

Warum bindet Lesen in der Regel nicht so? Jedenfalls bei Erwachsenen nicht. Vermutlich hat es damit zu tun, dass Lesen eine Tätigkeit ist, die ein hohes Maß an Aktivität verlangt. Eine Aktivität, die sich nicht in Zusammenhängen von Reiz und Reaktion erschöpft. Durch die Aufnahme des Gedruckten entwirft man Bilder und entwickelt Gedanken. Dabei ist man anfällig für Ablenkungen und Störungen. Man schaut vielleicht auf – und lässt sich abbringen. Insofern ist die Bezeichnung, die der geradezu besessene Leser Jean Paul für Bücher vorsieht, zwar lustig, aber nicht zutreffend: »Augensarg«. Denn es kann sein, dass man zu lesen aufhört, den Blick aus dem Buch hebt und einem Gedanken nachhängt, der sich eingestellt hat. Oder ist das ein Fingerzeig darauf, wie sich die Zeiten geändert haben gegenüber dem Ende des 18. bzw. dem Beginn des 19. Jahrhunderts: War damals das Buch das Medium, das die Augen begraben sein ließ im Gedruckten?

In naher Zukunft wird vielleicht die Redewendung, jemand hängt einem Gedanken nach, zunehmend unverständlich. Unsere Smartphones vermögen es auf so eindrucksvolle Weise, uns zu binden: durch Bild, Ton, Musik, und das in raschem Wechsel, dass man – auch außerhalb von Spielen, die schnelle Reaktionen verlangen – beim bloßen Benutzen geradezu absorbiert wird. Jeder von uns kennt Situationen, in denen man selbst und jemand anderer unvermutet und an denkbar ungünstiger Stelle stehen bleibt, weil man vom Handy in Anspruch genommen wird. Vermutlich werden wir alle den sinnvollen Umgang mit diesen kleinen Wunderdingen weiter üben müssen und eine entsprechende Kulturtechnik entwickeln.

Der Zug ruckelte kurz. Die Endstation war erreicht. Mein Gegenüber schaute kurz auf, raffte seine Sachen zusammen und reihte sich bei den Aussteigenden ein.

23 Heinz Janisch
Mir kann nichts passieren! Ich habe ein Buch!

Mir kann nichts passieren. Ich habe ein Buch.
Das trage ich immer bei mir.

Ich gehe durch unheimliche Wälder.
Überall bewegt sich etwas.
»Mir kann nichts passieren!«, sage ich und schlüpfe unter das
schützende Buchzelt.

Ich gerate in einen wilden Blätterwirbel.
Von allen Seiten kommt etwas geflogen.
»Mir kann nichts passieren!«, sage ich und verstecke mich
hinter meinem Buchschild.

Ich bin in der prallen Sonnenhitze.
Die heiße Luft flimmert über dem Boden.
»Mir kann nichts passieren!«, sage ich und freue mich über
den kühlen Buchschatten.

Ich komme ins Land der unheimlichen Geräusche.
Überall ächzt und stöhnt es.
»Mir kann nichts passieren!«, sage ich und spiele laut auf mei-
ner Buchtrommel.

Ich stehe vor einer zerbrochenen Brücke.
Ein Stein fehlt in der Mitte.
»Mir kann nichts passieren!«, sage ich und steige auf den ret-
tenden Buchrücken.

Ich erklimme einen hohen Felsen.
Plötzlich endet der Weg.
»Mir kann nichts passieren!«, sage ich und fliege auf den weiten Buchflügeln sicher durch die Luft.

Ich gerate ins Land der wilden Könige.
Wer keine Krone hat ist verloren.
»Mir kann nichts passieren!«, sage ich und setze meine Buchkrone auf.

Ich gelange ins Land der großen Müdigkeit.
Ich muss gähnen. Die Beine werden schwer.
»Mir kann nichts passieren!«, sage ich und lege mich zum Ausruhen in mein gemütliches Buchbett.

Ich wandere durch ein dunkles Tal.
Hohe Berge verdecken den Himmel.
»Mir kann nichts passieren!«, sage ich, und aus den offenen Seiten meines Buches strahlt helles Licht.

Ich erreiche das verlassene Land.
Niemand ist zu sehen. Ich bin allein.
»Mir kann nichts passieren!«, sage ich, und schon sind alle Freunde aus dem Buch an meiner Seite.

Mir kann nichts passieren. Ich habe ein Buch.
Das trage ich immer bei mir.

24 Thomas Walter Köhler
Urbi et orbi

Bücher bedeuten mir vieles, wenngleich nicht alles. Als Menschen mit Rhythmus verleihen mir Bücher – gemäß dem »Höhenpsychologischen Zirkel« der Dritten Wiener Schule der Psychotherapie – genügend *Halt* und *Haltung*, sodass daraus *Verhalten* und *Verhältnis* zwischen Individuen und Kollektiven entstehen. Ihrerseits bewirken sie wieder Halt und Haltung bzw. weiter Verhalten und Verhältnis usw. So entfalten und entwickeln sich durch Begegnung mit Büchern intra- und interpersonale Beziehungen im Gemeinwesen.

Bücher zu lesen heißt sie zu teilen: mit sich selbst – mit seinen Gedanken und Gefühlen – nach innen einerseits und mit anderen Menschen – mit deren Gedanken und Gefühlen – nach außen anderseits: Es ist eine Mitteilung qua Mit-Teilung. Bücher zu schenken bedingt zu geben und zu nehmen: Das bezieht sich beiderseits auf Be*griffe* und In*halte*. Ohne beide geht und kommt uns ein Buch nicht zur Hand, von der einen, die gibt, zur anderen, die nimmt. Es ist der Vollzug einer nicht nur physischen, sondern auch psychischen Aktion und Reaktion: etwas wortsinnig und tatsächlich *Geistiges*.

Charisma pur: Bücher – in Wissenschaft und Belletristik – zu ver*fassen* bedeutet mir eine *Gnade* des Geistes. Ein solcher weht in Buchhandlungen generell und in der Buchhandlung Herder speziell. Buchstäblich verkörpert sich ein Geist im Tragen von (neuerdings) Papiertaschen (»Sackerln«), ohne die ich stets eintrete und mit denen ich stets austrete. Jede Buchhandlung – die Wollzeile 33 allemal – ohne Bücher verlassen zu haben hieße für mich, verlassen zu sein. Blättern und

Schmökern reicht nicht. Jeder (Buch-)Händler muss und soll (über)leben können und wollen.

★

Ich wuchs im Arenbergviertel an der Kreuzung Ungargasse und Neulinggasse im Dritten Wiener Bezirk auf: Nicht allzu weit davon, wie ich im (Ver-)Lauf von Raum und Zeit erfuhr, lebten Beethoven und Bachmann; wohnten der ältere Musil und der jüngere Doderer; wirkten Kolo(man) Moser und Johann Strauss. An der Ecke der beiden Gassen fand sich – inzwischen leider vor einer nüchternen Bankfiliale ersetzt – meine erste Buchhandlung. Ich suchte sie immer wieder auf, zunächst mit meiner Großmutter, die *aus*tauschte, sodann mit meiner Mutter, die *ein*kaufte.

Schließlich war ich so weit, Bücher selbst zu erstehen: Es war wie das *Bergen von Schätzen* samt *Geheimnissen*. Inzwischen haben sich Schätze und Geheimnisse in meiner Wohnung zwar vervielfacht, aber nicht vervollkommnet, geschweige denn enthüllt oder erfüllt: weder als Bibliothek noch als Archiv etc.

Ich gebe es zu: Dann und wann ist die *Präsenz* der Bücher – inzwischen sind es rund 5000 – eher redundant als resonant. Ob ich sie in bzw. aus den Regalen – wie der Antiheld in Canettis Roman – einmal um*drehen* werde, um eine *Blendung* umzu*kehren*, ja abzu*wenden*? Keine Erlösung kennt das Schicksal des Sammlers!

Der Boulevard, der den – grammatikalisch korrekt, aber ästhetisch nicht apart – Namen »Landstraßer Hauptstraße« trägt, führt vom Dritten Bezirk übrigens (sogar über den wüsten Beton von »Wien Mitte«) in den Ersten und geht in die Wollzeile, vulgo »Buchzeile« über. Dort mache ich regelmäßig Halt und lebe meinen »Zirkel«: siehe erster Abschnitt.

*

»Thomas Walter Köhler lebt in Wien und auf Reisen.« Das steht zur Beschreibung stets am Schluss meiner Publikationen, so auch meiner – inzwischen in zweiter Auflage erschienenen – beiden Romane. Mehr noch als in meinen anderen Werken geht es dabei um Transformation, ja Transzendenz mittels Mobilität in Raum und Zeit: Man reist inner- und außerhalb von Büchern.

Ich habe das Hobby, immer dann, wenn ich auf Reisen Cafés mit Tradition besuche, eine mit Namensemblem versehene Tasse zu erstehen: Das geschieht entweder direkt an der Kassa oder indirekt beim Kellner, der sich dadurch für mich als Ober ausweist. So gibt man sie mir, und ich nehme sie: die *Ehre.*

Was geschieht mit diesen eleganten Tassen? Wieder zu Hause stelle ich sie vor jene Bücher, die dazu passen! So steht zum Beispiel eine Tasse des »Café Tortoni« in Buenos Aires – wo Jorge Luis Borges verkehrte (das Vorbild des blinden Bibliothekars in Umberto Ecos *Der Name der Rose*) vor dessen Werken in meiner »Fakultät« der iberoamerikanischen Literatur (die umfassender ist als die angloamerikanische).

Außerdem stehen – nicht nur zahlreiche, sondern unzählige – Tassen mit Gravuren wie »Central«, »Griensteidl« oder »Landtmann«, aber auch »Bristol«, »Imperial« oder »Sacher« usw. vor dem Œuvre meines ebenso ge- wie verehrten, ja geliebten »Wien um 1900« in der »mitteleuropäischen Fakultät«. Reell und ideell verbinden sie sich mit Autoren wie Musil oder Sperber. Aus *meiner* »Sicht«.

Aus *ihrer* »Sicht«: Sie und weitere Dichterinnen und Dichter aus West- und Ost-, Nord- und Südeuropa sowie Afrika blicken gnädig auf mich herab, der ich in einem *Fauteuil* vor ihnen ruhe: eine nämliche Tasse mit bester Füllung in der einen Hand und eines ihrer Bücher in der anderen: *selbst zufrieden selbstzufrieden wie andernorts jemals bis niemals.* Eine *Pfeife* gehört dazu, dann und wann.

Wir nähern uns *Proust*: Er ist – anders als Joyce – sozusagen zugleich über- und untermächtig in meinen Gefilden. Sich seinem Kosmos der »Recherche« zu widmen, heißt quasi *antititular*, Jahre um Jahre, Jahrzehnte um Jahrzehnte, ja Jahrhunderte um Jahrhunderte nicht zu *verlieren*, sondern zu *gewinnen*. Proust ist – anders als Joyces *gegen*wärtiger Tag und gegen*wärtige* Nacht – *ewig*.

★

In solch Ewiges *weiter einzutauchen* sowie aus solch Ewigem *wieder aufzutauchen* – verspricht mir meine rituelle »Ein- und Auskehr« in und aus Buchhandlungen. Nicht zuletzt, sondern vor allem davon betroffen: die *Buchhandlung Herder in Wien 1., Wollzeile 33* mit ihrem exzellenten Team rund um Gerhard Zach und Tobias Mayer: profund *und* diskret, höflich *und* fleißig, wissend *und* glaubend.

Ut maneant semper.

★★★

Tipps:
Ingeborg Bachmann, *Malina;* Jorge Luis Borges, *Lesen ist Denken mit fremdem Gehirn;* Elias Canetti, *Die Blendung;* Umberto Eco, *Der Name der Rose;* Heimito von Doderer, *Die Wasserfälle von Slunj;* James Joyce, *Stephan Hero;* Manés Sperber, *Wie eine Träne im Ozean;* Robert Musil, *Der Mann ohne Eigenschaften;* Marcel Proust, *Auf der Suche nach der verlorenen Zeit.*

25 Ulrich H. J. Körtner
Mein Lebensbuch

Bei der Frage, ob es für mich so etwas wie ein Herzensbuch gibt, brauche ich nicht lange zu überlegen. Es ist der Kinderbuchklassiker *Mein Urgroßvater und ich* von James Krüss. Ich bekam es geschenkt, als ich etwa so alt wie der Protagonist des Buchs war, ein zehnjähriger Junge auf der Nordseeinsel Helgoland, der von sich und seinem Urgroßvater erzählt. Gemeinsam verbringen sie eine Woche damit, Geschichten und Gedichte zum Besten zu geben, die alle mit Sprache zu tun haben. Das Buch ist mir zur Sprachschule geworden und wurde zum lebenslangen Begleiter. Die Originalausgabe, erschienen 1959, besitze ich heute noch. Im Laufe der Jahre habe ich es allen meinen Enkelkindern vorgelesen und für die jüngeren kürzlich die 2009 erschienene Neuausgabe besorgt, selbstverständlich in der Buchhandlung meines Vertrauens. Satzspiegel und Illustrationen von Jochen Bartsch (1906–1988) sind noch nach fünfzig Jahren dieselben. Lediglich die Rechtschreibung ist den heutigen Regeln angeglichen worden.

Mein Urgroßvater und ich eignet sich wunderbar zum Vorlesen, und es gibt für mich nichts Schöneres, als Kindern, aber auch Erwachsenen vorzulesen. Eine der Geschichten, die der Urgroßvater seinem Urenkel erzählt, verwende ich bis heute als Einstieg in meine Vorlesung zur Einführung in die theologische Ethik. Aber davon später.

Die Geschichten und Gedichte, welche die unterschiedlichen Facetten der Sprache behandeln, über die sich der Großvater und sein Urenkel austauschen, nehmen sieben Tage in Anspruch. Das ist die Zeit, die der Icherzähler, Sprössling einer Familie von Fischern, bei seinem Urgroßvater und seiner

Obergroßmutter genannten Großmutter auf dem Oberland von Helgoland verbringt. Eigentlich wohnt er mit seinen Eltern und seinen beiden Schwestern im Unterland. Da die Schwestern an Masern erkrankt sind, wird ihr Bruder bei der Großmutter im Oberland einquartiert. Tagsüber ziehen sich Urgroßvater und Urenkel in die Hummerbude zurück, die Werkstatt der Fischer. Ihre Gedichte schreiben Urgroßvater und Urenkel auf Holzplatten, die sonst zum Ausbessern des Fischkutters gebraucht werden.

Als James Jacob Hinrich Krüss seinen Klassiker schrieb, der ein Jahr nach seinem Erscheinen mit dem Deutschen Jugendbuchpreis ausgezeichnet wurde, war er gerade mal 33 Jahre alt. Kriegsbedingt war er als Jugendlicher aufs Festland evakuiert worden. Nach dem Krieg studierte er an der Pädagogischen Hochschule Lüneburg und bestand 1948 das Examen als Volksschullehrer, war aber nie im Schuldienst, sondern wurde freischaffender Autor, der neben Kinder- und Jugendbüchern auch einiges für Erwachsene schrieb und außerdem für das Fernsehen tätig war. 1968 wurde er mit dem Hans-Christian-Andersen-Preis für sein Gesamtwerk geehrt. 1965 übersiedelte Krüss nach Gran Canaria, wo er mit seinem Lebenspartner Dario Perez lebte und 1997 im Alter von 71 Jahren starb.

Nicht verschwiegen sei, dass Krüss 1944 auf eigenen Antrag NSDAP-Mitglied wurde und sich noch im selben Jahr freiwillig zur Luftwaffe meldete. In seinem 1988 erschienenen Roman *Der Harmlos* stellt sich Krüss als anfangs überzeugten Nazi dar, der sich nach Kriegsende geläutert habe. Ganz genau sind die Vorgänge bis heute noch nicht geklärt. Mit seinen späteren Büchern wollte Krüss jedenfalls gegen den Nationalsozialismus und für die Freiheit Stellung beziehen.

In mehreren seiner Bücher, darunter *Mein Urgroßvater und ich*, hat Krüss seine Heimatinsel detailgetreu beschrieben, um sie nicht zu vergessen. Eine Rückkehr war für ihn nach Kriegsende nicht möglich, da die Insel zeitweilig von der britischen Luftwaffe für Bombenübungsflüge genutzt wurde. Traumatisch war für den homosexuellen Krüss auch, dass er als Jugendlicher einen Homosexuellenprozess auf Helgoland erlebt hatte.

Als kindlichem Leser und auch noch in späteren Jahren waren mir diese Hintergründe nicht bekannt. Ich war und blieb fasziniert von den Geschichten und Gedichten, welche die Sprache in ihrer ganzen Vielgestaltigkeit zum Thema machen, wobei der Bogen bis zur arabischen und chinesischen Erzähl- und Dichtkunst, aber auch zu biblischen Geschichten wie dem Turmbau zu Babel geschlagen wird. Die ABC-Gedichte im Buch erinnern an das alphabetische Akrostichon in Psalm 119.

James Krüss, Karl Valentin und Ludwig Wittgenstein haben mir entscheidende Zugänge zum Gebrauch der Sprache, aber auch zu den Verwicklungen eröffnet, die sich ergeben, wenn der Verstand gegen die Grenzen der Sprache anrennt und sich dabei Beulen holt. Was bei Valentin und Wittgenstein eine tragische Note bekommt, findet bei Krüss einen heiteren Grundton, voller Humor, ohne sarkastisch zu werden. Als sich der Urgroßvater am Ende der Woche von seinem Urenkel verabschiedet, verbeugt er sich feierlich mit einem Bekenntnis zum Wahren und Schönen und zur Güte des menschlichen Herzens. Zwar komme es nicht darauf an, dass Geschichten wahr, sondern dass sie schön sind. Aber, so Krüss: »Nicht das Genügen am ordentlich Gemachten, am schön Lackierten, macht Literatur, sondern das Ungenügen an der Welt, das Bedürfnis, ihr durch den Lack zu blicken.«

Mein Urgroßvater und ich hat mir nicht nur den Sinn für Sprache, sondern auch für die Hermeneutik, die Kunst des Verstehens und des Übersetzens, geweckt. Etliche Geschichten handeln von beidem, so zum Beispiel die Geschichte von einem Schiffsjungen, der mit nur zwei italienischen Wörtern eine abenteuerliche Woche in Neapel erlebte. Es waren die Wörter *si* und *io*. Krüss wuchs übrigens zweisprachig auf. Zu Hause wurde friesisch gesprochen. Den richtigen Gebrauch des Hochdeutschen erlernte er erst in der Schule und sollte es darin zu wahrer Meisterschaft bringen. Über einen Reim urteilt der Urgroßvater, er zeige, »dass man alles, was man sagt, auch verstehen muss. Sonst soll man lieber schweigen.« Bei Wittgenstein las ich später: »Wovon man nicht sprechen kann, darüber muss man schweigen.«

Nun aber zu der Geschichte, die ich meinen Studierenden in der Ethikvorlesung erzähle. Sie handelt vom Skarabäus und vom Tausendfüßler. In einem Garten lebt ein Tausendfüßler, der nur 996 Beine und gerade deshalb einen außergewöhnlich eleganten Gang hat. Ein Skarabäus, der ihn tagelang beobachtet, zollt ihm nicht nur seine Bewunderung, sondern erklärt ihm auch aufgrund von komplexen mathematischen Berechnungen, weshalb der Tausendfüßler so hinreißend durch den Garten schwebt. Der einigermaßen verwirrte Tausendfüßler beginnt nun, sich selbst zu beobachten, mit dem Ergebnis, dass er über die eigenen Füße stolpert und ganz krank wird, bis ihn schließlich die Liebe zu einer Tausendfüßlerin von seinem Elend erlöst.

Im Buch lautet die Moral der Geschichte: »Lerne, wie man schreiben soll. Aber dann vergiss das Gelernte, wenn du schreibst!« Es verhält sich damit ganz so wie mit dem Schwimmen oder Radfahren. Ich hingegen gebrauche die Geschichte in meiner Vorlesung als Einstieg in Reflexionen über den Nutzen und Nachteil der Ethik für das Leben. Ethik ist die selbstreflexive Theorie der Moral. Ihre Stunde schlägt, wenn sich die Moral nicht (mehr) von selbst versteht, kommt aber möglicherweise immer schon zu spät, weil wir immer schon gehandelt und gelebt haben, bevor wir mit der Reflexion beginnen. Wer erst alles durchdacht und begründet haben will, kommt nie dazu zu leben. Und was wäre Lebensführung, eine christliche zumal, ohne die Liebe? Aber das ist eine andere Geschichte.

26 Werner Tiki Küstenmacher
Ohne Bücher? Undenkbar!

Was für ein Glück, dass ich in einem Haushalt mit Büchern aufgewachsen bin. Und was für Geschichten stecken dahinter! Mein Großvater Gustav Küstenmacher, geboren 1851, war gelernter Buchhändler in Berlin. Seine unverheiratete Schwester gewann eines Tages in der Lotterie und hatte die wunderbare Idee: »Gustav, kauf dir davon eine Buchhandlung.« Es muss ein zauberhafter kleiner Laden gewesen sein, direkt am Gendarmenmarkt, dunkel und schon in den 1900er Jahren ausgestattet mit Versandabteilung und einem Boten, der Bücher nach Hause lieferte. In der Weltwirtschaftskrise nach 1929 ging Opas Amazon-Vorläufer leider pleite. Alles, was meinem Vater davon blieb, war ein dunkelbraunes, gut gefülltes Bücherregal, das sogar den hastigen Umzug nach dem Krieg von Ost-Berlin nach München überstand.

Meine Eltern sparten sich bei mir die Kosten für den Kindergarten, und so brachte ich mir aus lauter Langeweile das Schreiben und Lesen selbst bei. Weil viele Bücher aus Opas Laden in Fraktur gedruckt waren, umfasste mein autodidaktisches Projekt auch die Entdeckung der verschiedenen »s« und eigenartig verschnörkelter Anfangsbuchstaben.

Mein elf Jahre älterer Bruder bekam zu Weihnachten von einem Onkel stets den neuesten Band des Jahrbuchs *Durch die weite Welt* aus dem Franckh Verlag, den ich bald mehr als Geschenk für mich betrachtete. Aufregende Reiseberichte von Herbert Rittlinger, der mit dem Klepper-Faltboot durch ferne Erdteile reiste. Artikel über technische Fortschritte. Vorne eine farbige Ausklapptafel mit quer aufgeschnittenen Ozeanriesen, Bergwerken oder Chemiefabriken. Herrlich!

Einmal bekam ich den Lebensbericht des amerikanischen U-Boot-Kapitäns John P. Steele geschenkt, und mein Bruder schrieb schwungvoll ins Vorsatzpapier »mit die beste Wunsche fur die Zukunft von Werner, John P. Steele«. Meine erste Begegnung mit einer »autographed copy« und zugleich eine frühe kindliche Konfrontation mit dem Phänomen »fake«.

In der Schule merkte ich bald die Bedeutung der Weisheit »Wer liest, ist im Vorteil.« Und wie großartig die Münchner Stadtbüchereien sind. Wenn ich mir ein Buch zu dem Thema auslieh, das gerade im Biologie- oder Geschichtsunterricht besprochen wurde, konnte ich dem Lehrer unglaublich kluge Fragen stellen. Und mich wundern, warum Otto Zierer das mittelalterliche München so farbig und spannend erzählen konnte, der Lehrer aber nicht.

Parallel dazu lief meine religiöse Grundausbildung, gleichzeitig in der emanzipatorischen Jugendarbeit der linken Evangelischen Jugend München mit der Gründung der autonomen Basisgemeinde Gethsemane Sendling und der evangelikalen Jungenschaft »John Mott« im CVJM. Dort ging alles um die Bibel. Man musste unbedingt eine eigene haben und täglich darin lesen. Es gab Lesepläne und Bibelandachten, ergreifende Lesungen von Gideons Eroberungszügen aus dem Alten Testament am Lagerfeuer, und ich war stolz auf meine rote Senfkornbibel, über tausend Buchseiten, kaum größer als eine Schachtel Zigaretten.

Irgendwann habe ich beschlossen, das kleine Ding von vorn nach hinten durchzulesen wie einen normalen Roman. Allerdings ist das bei der Heiligen Schrift nicht so einfach, und die zig Seiten lange Bauanleitung für den Tempel oder die öden Geschlechterlisten habe ich schon mal schnell überblättert. Leider – denn mittendrin, in 1. Chronik 4,10 hatte später der Amerikaner Bruce Wilkinson das zauberhafte »Gebet des Jabez« entdeckt und einen Bestseller draus gemacht. Ob es mir aufgefallen wäre bei meiner großen Lesetour?

Jedenfalls habe ich beim Lesen deutlich gespürt: Das ist ein von vielen verschiedenen Personen geschriebenes Buch, total menschlich, mit herrlichen Highlights und schrulligen Merkwürdigkeiten, die heute niemandem mehr etwas sagen. Dass das Gottes Wort sein soll, direkt vom Heiligsten Geist den Autoren in die Feder gegeben – nein, darauf wäre ich beim Lesen echt nicht gekommen. »Wort Gottes« zu sein ist ein frommer Wunsch, ein Konzept, das übrigens (anders als der Koran) die Bibel auch nicht von sich selbst behauptet. Die Bibel enthält die Erfahrungen von Menschen mit dem Glauben, und das lädt mich dazu ein, an meiner eigenen Bibel weiterzuschreiben.

Dass ich beschlossen habe, Theologie zu studieren, verdanke ich zwei Büchern. *Die Sache mit Gott* von Heinz Zahrnt war eine mit Herzblut geschriebene populärwissenschaftliche Einführung, die mir Lust machte, in diese Wissenschaft mit dem größten aller vorstellbaren Forschungsgegenstände einzutauchen. Das andere war *Das Buch von der Liebe*, eine unscheinbare Sammlung kleiner religiöser Erfahrungen von Ernesto Cardenal, Priester und Kultusminister in Nicaragua. Ein ganz anderer Ton als bei den Theologen: lyrisch, staunend, träumend. Da schrieb jemand, der verliebt war. Später begriff ich, dass ich mit diesem Siebenstern-Taschenbuch einen schmalen, aber tiefen Nebenfluss des Glaubens angezapft hatte: die Mystik. Hier wird das Göttliche nicht erforscht, sondern erfahren.

Zwischen diesen Polen von Wissenschaft und Wundern spielt sich mein Leben als Christ bis heute ab. Bemerkenswerterweise sind beide Pole undenkbar ohne Bücher. Ein Hoch auf alle, die sie schreiben und verlegen, drucken und gestalten, verkaufen und empfehlen, Buchhandlungen betreiben und sicher noch lange Menschen fürs Lesen gewinnen und begeistern.

27 Michael Landau
Kaufen Sie Bücher!

Ich erinnere mich nicht mehr an die exakte Formulierung. Es ist auch schon einige Jahre her. Aber mir hat damals der Werbespruch, abgedruckt auf einem festen, weißen Papiersack, sehr gut gefallen: »Kaufen Sie Bücher dort, wo Sie Menschen begegnen!«

Selbstverständlich freue ich mich, wenn mir der Buchhändler oder die Buchhändlerin meines Vertrauens Bücher bestellt. Nicht alles ist lagernd. Aber es ist einfach ein Unterschied zu stehen, zu schauen, zu blättern. Bücher inspirieren ja nicht nur Verstand, Herz und Seele, sondern sie sind auch ein Erlebnis: haptisch, optisch, olfaktorisch …

Ich möchte Menschen und Büchern begegnen. Nicht nur im Postfach, sondern in echt. Und ich freue mich – auch wenn ich einmal nichts kaufe –, wenn die Begegnung, das kurze Zusammentreffen, zu einem Gespräch führt; zum Austausch über Leseerlebnisse oder auch – was ich sehr schätze – zur fachkundigen Beratung und Inspiration; die dann doch oft mit einem Kauf endet. Vielleicht nicht gleich, aber irgendwann …

Danke, dass es gute Buchgeschäfte gibt! Danke, wenn Sie durch Ihren Einkauf in solchen Buchgeschäften dafür sorgen, dass das auch morgen noch der Fall ist! Dass das auch sonst sehr sinnvoll ist, möchte ich als Caritas-Verantwortlicher zumindest nebenbei erwähnen: Sie sichern auf diese Weise Arbeitsplätze und soziale Sicherheit, denn auch das Steueraufkommen bleibt im Land und kommt hier konkreten Menschen zugute.

Die Buchhandlung Herder im Herzen der Stadt ist für mich so eine Buchhandlung des Vertrauens. Wunderbar assortiert und mit bester, fachkundiger Beratung. Gut, dass es diese Buchhandlung gibt. Und wunderbar, dass sie weitergeführt wird. Dem scheidenden Geschäftsführer Gerhard Zach ein ganz großes Danke! Und seinem Nachfolger Tobias Mayer von ganzem Herzen alles Gute und Gottes Segen!

28 Andrea Lehner-Hartmann
Bücher – das Tor zu anderen Welten

Bücher sind nicht nur kostbare Dokumente, die Wissenswertes aus einer bestimmten Zeit in der Überlieferung von Daten und Fakten festhalten, Einblicke in das Leben anderer Menschen und Generationen geben, sondern sie sind auch Impulsgeber für die (Weiter-)Entwicklung von Sichtweisen auf die Welt und über einen selbst. Bücher ermöglichen, am Leben anderer bis zu einem gewissen Teil partizipieren zu können, ohne alles selbst erleben zu müssen. Aus einer fremden Perspektive auf die Welt zu blicken, gibt den Zugang auf andere, neue Interpretationsweisen frei. Und dies nicht nur, indem man seiner Sichtweise eine weitere hinzugesellt, sondern sich selbst herausgefordert fühlt, zu überprüfen, ob nicht andere Lebensdeutungen tragfähiger sind. Obwohl die Konfrontation mit fremden Weltzugängen nicht auf Bücher reduziert werden kann, beinhalten diese die Chance, sie zu späteren Zeitpunkten nochmals zur Hand zu nehmen und darin neu zu lesen. Wenngleich dies im Besonderen für das Buch der Bücher, die Bibel, gilt, zeichnet es die Qualität von allen guten Texten aus, dass sich in ihnen beim wiederholten Lesen immer wieder Neues entdecken lässt – seien es prosaische, lyrische oder auch wissenschaftliche Texte. Sie berühren eine Dynamik, die sich aus dem Zwiegespräch zwischen Leser und Autorin ergibt und die sich in ihren Konsequenzen nicht vorhersagen lässt. Damit riskieren nicht nur Leser, sondern auch Autorinnen einiges, weil sie neben all dem Inspirierenden, Perspektivenerweiternden auch vollkommen missverstanden oder sogar missbraucht werden können.

Trotz der Möglichkeit, die Inhalte von Büchern digital zugänglich und somit jederzeit verfügbar zu machen, was in der Wissenschaft eine große Erleichterung darstellt, habe ich ein Buch lieber direkt in der Hand. Lesen und die Begegnung mit den Texten in einem Buch geschieht über unterschiedliche Sinneskanäle, die für mich neben dem Sehen vor allem auch das Haptische umfassen. Ein Buch in den Händen zu halten, darin zu blättern und nicht nur zu wischen, um sich einen Überblick zu verschaffen oder etwas nachschlagen zu können, bringt mir Texte näher, als es der digitale Zugang kann. Es mag Gewohnheit sein, aber Texte über den Geruch eines Buches zu erfassen, das Be-Greifen der Seiten, das Mittragen und Hinterlegen des Buches an verschiedenen Orten, wo andere ebenfalls in Kontakt damit treten können, eröffnet eine andere Kommunikation damit als die eher sterile Begegnung über ein elektronisches Medium.

Von Bedeutung ist für mich auch die Situation bzw. der Kontext, in dem ich Texten begegne. Damit wird nochmals das Lebendige und Dynamische verdeutlicht, das in dieser Begegnung liegt. Es gibt Situationen, in denen man für bestimmte Aussagen, Geschichten, Erkenntnisse zugänglicher ist als in anderen. Ein Buch, im Urlaub gelesen, kann anderes zum Schwingen bringen als ein Buch, das unter Druck für eine Prüfung gelesen werden muss. In persönlichen Krisensituationen werden andere Passagen ansprechen als in Situationen, in denen man vom Gefühl getragen wird, dass einem die Welt zu Füßen liegt. In diesem Sinn kann ein und dasselbe Buch – gelesen in unterschiedlichen Situationen, an unterschiedlichen Orten – vollkommen neue Perspektiven eröffnen.

Es gibt zwei Bücher, die mich auf sehr unterschiedliche Weise ansprechen und mit denen ich auch auf sehr unterschiedliche Weise umgehe. Das erste ist von Gioconda Belli, *Bewohnte Frau*, das davon erzählt, wie eine junge Architektin ihre bisherige gutbürgerliche Lebensorientierung aufgibt, als sie über einen Verwundeten, der in ihr Haus gebracht wird, mit der Widerstandsbewegung in Berührung kommt und sich – der Liebe folgend – dieser anschließt. Gioconda Belli versteht es, in ihrem Roman Frauenfiguren vorzustellen, die zu unterschiedlichen Zeiten Widerstand gegen unterdrückerische Systeme geleistet haben, und miteinander auf berührende Weise zu verschränken. Dabei nimmt sie die Leserinnen und Leser auf eine Reise mit, die Fragen von Gerechtigkeit und insbesondere von Ungerechtigkeit berühren, die in der Widerstandsbewegung unterschiedlich zu lösen versucht werden: von den subversiven Formen der Unterwanderung bürgerlichen Lebens bis hin zu Gewaltanwendung. Dieses Buch hat mein Interesse nachhaltig an der Beschäftigung mit der politischen Situation und der Geschichte Lateinamerikas geweckt. Nachfolgende Werke von Gioconda Belli haben mich nicht mehr in gleicher Weise angesprochen. Hier fühlte ich vielmehr Distanz durch die Fremdheit lateinamerikanischen Denkens im Umgang mit Ahnen bzw. animistischen Sichtweisen. Obwohl man diesem Denken auch im Roman der bewohnten Frau begegnet, wenn die Protagonistin über einen Orangenbaum die Verbindung zu einer widerständigen Frauenfigur aus dem 16. Jahrhundert aufnimmt, so war die Faszination beim Lesen in erster Linie davon geprägt, sich von der Entwicklung des Widerstandsgeistes beider Frauenfiguren, die auch den eigenen Tod nicht scheuten, in den Bann ziehen zu lassen. Ich habe das Buch nur einmal gelesen. Ob ich es nochmals zur Hand nehmen werde, weiß ich nicht – derzeit zögere ich noch. Es könnte meine Assoziationen, Bilder und Zuschreibungen, die ich ihm verliehen habe, zerstören.

Ganz anders verhält es sich mit Navid Kermanis *Entlang den Gräben. Eine Reise durch das östliche Europa bis nach Isfahan.* In seinen als Reisetagebuch gehaltenen Schilderungen gibt er

Erlebnisse und Gespräche mit unterschiedlichen Gesprächspartnerinnen und -partnern wieder, die mich als Leserin auf
seine Reise in Regionen mitgenommen haben, von denen
ich bis dahin nur wenige Kenntnisse hatte. Die – manchmal auch irritierenden – Reaktionen und Sichtweisen seiner
Gegenüber versteht er in historische Zusammenhänge ein-
zubetten, sodass sie verständlich werden. Zudem klammert er
gegensätzliche Positionen nicht aus, wodurch die Komplexi-
tät menschlichen Zusammenlebens und politischer Verhältnisse besser fassbar wird. Über sein Buch kam ich das erste
Mal auch intensiver mit der Ukraine in Berührung. Ich habe
es vor dem Ausbruch des Angriffskrieges Russlands gelesen.
Als ich es vor kurzem wieder in die Hand nahm, hat es mich
schockiert und beschämt zugleich, zu lesen, wie klar seine
Gesprächspartnerinnen und -partner über die Vorboten und
Anzeichen der Gefahr weiterer kriegerischer Auseinander-
setzungen geredet haben und wie wenig ich es damals verstanden habe. Heute lese ich einzelne Passagen immer wieder
und weniger distanziert: und erhalte über die Gedanken von
Menschen, die entlang den Gräben zwischen Ost und West
leben, einen Zugang zu deren Geschichte, Lebensweise und
zu einem neuen Verständnis von Europa.

»Wer zu lesen versteht, besitzt den Schlüssel
zu großen Taten, zu unerträumten Möglichkeiten.«
Aldous Huxley

29 Konrad Paul Liessmann
Meine Bücher

Mein Leben besteht aus Büchern. Zumindest zu einem großen Teil. Als Philosoph und Autor gehören das Lesen und
Schreiben zu meiner beruflichen Tätigkeit, als Privatperson
verbringe ich einen guten Teil meiner Freizeit mit Sachbüchern und Belletristik, mit Klassikern und Neuerscheinungen. In meiner Wohnung ist Platz für tausende Bände, für
anderes gibt es nur wenig Raum. Entfernte man alle Bücher
aus meinem Leben – die gelesenen und die ungelesenen, die
geschriebenen und die ungeschriebenen – und striche alles
durch, was direkt oder indirekt mit Büchern zu tun hat, blie-
be nicht allzu viel übrig.

Meine Bücher verraten wenn nicht alles, so doch einiges
über mich. In den Büchern einer privaten Bibliothek spiegelt
sich die Geschichte ihres Eigentümers wider. Im analogen
Zeitalter kamen Bücher nicht per Knopfdruck ins Haus, man
musste sich um sie bemühen. Viele von ihnen wurden unter
außergewöhnlichen Umständen erworben, manchen jagte
man nach, an manchen trug man schwer, andere stellten die
Erfüllung eines Traums dar, und einige wurden zu Knoten-
punkten einer intellektuellen Entwicklung. Ja, Bücher können ein Leben verändern, ihm eine ungeahnte Richtung geben. Ohne die Werke von Theodor W. Adorno und Thomas
Mann, von Jean Paul und Friedrich Nietzsche, von G. W. F.
Hegel und Karl May, von Karl Marx und Peter Handke wäre
ich ein anderer geworden.

Daneben finden sich Bücher in den von Tischlerhand ge-
fertigten Wänden, die keinem Begehren entsprachen: unver-
langte Zusendungen in der Hoffnung auf eine Besprechung
oder Geschenke. Manche Bücher werden den Geruch des

Mitbringsels oder der weihnachtlichen Verlegenheitslösung nicht los, andere künden von gelungenen Beziehungen, wenn sie dem Beschenkten einen Wunsch erfüllen oder ihm Neues eröffnen, und gar nicht so wenige entpuppen sich als Ausdruck eines mehr oder weniger schwerwiegenden Missverständnisses: Wie kommt jemand auf die Idee, dass man solches lesen könnte!

In einer Bibliothek, die man selbst zusammengetragen hat, kann man, wenn man die Finger über die langen Reihen der Buchrücken streifen lässt, einen wesentlichen Teil eines geistigen Lebens abschreiten – im Guten wie im Bösen. Erstaunlich, was es dabei zu entdecken gibt. Das hatte man gelesen, davon war man gefesselt, so hatte man einmal gedacht, davon war man befremdet, davon begeistert. Daneben finden sich dann Schmuckstücke, seltene Ausgaben, Werke, die aus den Buchhandlungen verschwunden sind, schließlich Texte, die man nur zu einer bestimmten Zeit oder in einer bestimmten Phase seines Lebens hatte lesen können. Dass diese noch dastehen und ihren Besitzer angrinsen, treibt dem vermeintlich klüger Gewordenen mitunter die Schamesröte ins Gesicht. Gemildert wird diese Verlegenheit durch die prunkvollen Gesamtausgaben, die man sich nicht nur aus Interesse und Leidenschaft, sondern – ein wenig kokett – auch als Statussymbol angeschafft hatte. Diese repräsentative Funktion verlieren Bücher allmählich, was eigentlich schade ist.

Solch eine bibliophile Lebensgeschichte hinterlässt ihre Spuren an den Büchern selbst. Viele sind zerlesen, mit Unterstreichungen oder despektierlichen Randbemerkungen versehen, Seiten sind zerknittert oder lösen sich, seit Jahrzehnten unbenutzte Werke sind im wahrsten Sinne des Wortes verstaubt. Liest man ein einmal durchgearbeitetes Buch Jahre später wieder, kann es geschehen, dass man erstaunt seiner Vergesslichkeit oder seiner Jugendtorheiten innewird. Unglaublich, welchen Unsinn man dick unterstrichen und mit dreifachem Rufzeichen markiert hatte. Bücher, die man über die Jahre hinweg ansammelt, sind Ausdruck einer intellektuellen Biografie und des dazugehörigen Zeitgeistes. An den Büchern, die nach Jahren, wenn der Wind sich gedreht hat, verschämt in obere Regale verstellt oder gar in Kisten gepackt und auf dem Dachboden verstaut werden, lässt sich mehr erkennen als in manch geschönter Kulturgeschichte. Solches Wissen, solche Erfahrungen, solche Erinnerungen wird übrigens keine digitale Bibliothek der Welt je bieten können.

Bücher, so sagt man gerne, können zu Begleitern, zu Freunden werden. Übersehen wird, dass sie auch zu Feinden werden können. Es gibt Bücher, die irritieren, verärgern, mahnen, langweilen, provozieren. Es gibt Bücher, deren Lektüre man sich hätte ersparen können. Und vor allem: Nicht alle Bücher, die man besitzt, hat man gelesen. Vieles wurde mit bester Absicht gekauft, aber es ergab sich anders. Und vieles legte man sich zu mit einem fatalen Hintergedanken: Wenn ich einmal Zeit haben werde ... Diese Zeit kommt nie. Die ungelesenen Bücher der eigenen Bibliothek stellen deshalb ein ganz anderes bedrohliches Szenario dar als die unzähligen Titel, die es in öffentlichen Bibliotheken, in gut sortierten Buchhandlungen, im Verzeichnis lieferbarer Bücher oder bei Amazon gibt. Die reine, universelle Potenzialität schreckt nicht, wohl aber die Tatsache, dass man einst ein Buch haben wollte, es dann jedoch sträflich vernachlässigte. Ungelesene Bücher klagen ihre Besitzer an. Jede Bildungsbiografie kennt diese peinliche und peinigende Erfahrung. Und nicht immer kann man so elegant reagieren wie einer Anekdote zufolge der große Theologe Karl Rahner, der von einem Besucher im ersten Raum seiner Bibliothek erstaunt gefragt wurde: »Und das haben Sie alles gelesen?« Rahner antwortete: »Nein, das habe ich alles geschrieben.«

Leben mit Büchern bedeutet zu wissen, was man noch lesen wollte, aber nicht mehr lesen wird. Trösten darf man sich mit objektiven Gründen: Literarische Moden wechseln schneller, als man lesen kann, zeitgeistige Theorien und Ideologien altern so rasch, dass eine verzögerte Lektüre immer schon vorgestrig wirkt. Vieles, was man nicht gleich liest, lohnt ein paar Monate später kaum noch. Allerdings: Da der Glaube an den unbedingten Fortschritt ein Phantasma ist, genügt es mitunter, etwas länger zu leben, um an Renaissancen und Wiederentdeckungen aller Art zu partizipieren. Wie gut, dass man ein vergessenes Werk, dessen Neuausgabe mit viel Getöse angekündigt wird, schon seit Jahren in seinem Regal hat. Nun ist doch die richtige Zeit gekommen, das lang verschmähte Buch zu lesen. Das mag ein Grund dafür sein, warum es mir so schwerfällt, Bücher zu entsorgen.

Könnte man ohne Bücher leben? Wahrscheinlich schon. Jeden leidenschaftlichen Leser befallen mitunter diese Zweifel: Was hätte man alles tun können in den vielen Stunden, in denen man sich in dicken Wälzern verloren hatte! Bücher beanspruchen Lebenszeit, keine Frage. Aber ein Leben ohne Bücher wäre ein anderes Leben gewesen, ein Leben, das man nicht hätte führen wollen. Welchen Stellenwert das Leben mit Büchern in jenem »Buch des Lebens«, das alle Taten und Untaten der Menschen enthält, einnimmt, werden wir im Diesseits nicht erfahren. Ob sich der lesende Mensch an den vielfältigen Möglichkeiten des Daseins versündigt oder seinem Leben durch den Rückzug in eine Bücherstube eine besondere Weihe verleiht – wer wüsste es zu sagen? Vielleicht ist ein Leben mit Büchern ein Irrtum. Vielleicht aber entfaltet sich zwischen den Buchdeckeln mehr Leben, als je hätte gelebt werden können.

Lesen? »Transzendent lächeln«

»Ich schreibe gern, weil Schreiben ist fast so schön wie Lesen.« Obwohl ich die Quelle für dieses Zitat nicht finden kann, bin ich gewiss, dass ich es vor Jahren von Helga Rabl-Stadler, ehemalige Präsidentin der Salzburger Festspiele, irgendwo gelesen habe.

Etwas Gelesenes prägt sich besser ein als etwas Gehörtes. Freilich trifft das nicht zu auf besonders Bewegendes, das man bloß hört. Und dennoch regt sich bei solchem Gehörten der Wunsch, es in geschriebener Sprache dokumentiert zu wissen, es lesen zu können, nötigenfalls immer wieder. Wenn das unmöglich ist, bleibt der Wunsch, das Gehörte aufzuschreiben. Und ich kann nur jeder und jedem empfehlen, das auch zu tun; wenngleich ich selbst nicht so oft dazu in der Lage bin, wie ich es gerne wäre.

Machen wir uns nichts vor: Unlängst kam ein Freund – ein Unternehmer – ins Wiener Café Eiles zu einem länger geplanten gemeinsamen Kaffee zur Tür herein. Unversehens zeigte er mir die Antwort auf die bloße Frage an eine Anwendung der künstlichen Intelligenz, wie die politische Partei X die nächste Wahl gewinnen könne. Die Antwort war mehr als das; es war ein ganzes Konzept, fein gegliedert nach den aktuellen Auffassungen über politisches Management. Es war in sich schlüssig und – Hand aufs Herz – keinesfalls schlechter, als viele Agenturen es vorlegen würden, würde man sie nach einem solchen Konzept fragen.

Künstliche Intelligenz kann Texte produzieren. Wir bekommen heute schon mehr von ihnen zu lesen, als wir annehmen. Und die Zahl künstlich generierter Texte wird wachsen. Wie der Bildersturm verbietet sich auch Kulturpessimismus: Diese Entwicklung hat positive Aspekte. Die negativen gilt es zu vermeiden, vor allem durch Transparenz – etwa über das Zustandekommen des Textes und dessen Intention – und durch viel mehr Wertschätzung für jene Kreativität, jene Weisheit und auch jene Liebe, die Menschen in Texte legen können, Maschinen aber nicht. Maschinen reproduzieren Vorhandenes. Das können wir Menschen auch, aber wir sind dabei langsamer und haben weniger Überblick. Maschinen können Vorhandenes schneller und umfassender kompilieren. Geschenkt!

Menschen können schaffen, was vorher noch nicht vorhanden war; ob nun durch den meines Erachtens stets transzendent zu deutenden »Einfall« oder durch biologistisch zu deutende Synapsen, die in ebendieser Weise niemals zuvor vernetzt waren. Und hier ist sie: die Kreativität!

Diese liegt zweifellos nicht nur dort, wo Lyrik oder Prosa als »Kunst« ausgeschildert werden. Sie beginnt viel früher: dort, wo ich meinen Einkaufszettel anders schreibe, um schneller zu sein oder weniger zu vergessen.

Aber auch wenn das Schreiben und das Lesen enge Verwandte sind, wie in dem Rabl-Stadler'schen Zitat wundervoll zum Ausdruck kommt, soll dieser Text ja eher vom Lesen handeln: Wie das Schreiben ist das Lesen zuallererst eine Kulturtechnik. Wir brauchen es. Schrift ist geduldig. Sie speichert Inhalte ohne viel Aufwand. Und ohne viel Zutun sind diese Inhalte dann abrufbar. Wir lesen Straßenschilder und Fahrpläne. Wir lesen heute vielfach in Situationen, in denen wir früher – via Telefon – gesprochen hätten: nämlich Textnachrichten. Es gehört zu den schlimmsten Verbrechen, Menschen, insbesondere junge Menschen, nicht an die Kulturtechniken – ganz besonders jene des Lesens und des Schreibens – heranzuführen; oder ihnen das gar vorzuenthalten. Die Leidtragenden sind die unmittelbar Betroffenen, aber mittelbar wir alle, die Menschheit.

Es beginnt bei den Straßenschildern, aber es endet nicht dort, das »Abenteuer im Kopf«, das Lesen sei, wie es ein bekanntes Zitat sagt, dessen Quelle nicht eindeutig zu bestimmen ist. Dann hebt sie an, die Faszination des Lesens. Entwürfe für Gesetzestexte, wie ich sie oft lesen muss, wirken prima vista selten »faszinierend«. Nach Albert Einsteins Worten, dass man so leben könne, als sei nichts ein Wunder, oder aber so, als sei alles eines, ist es aber dennoch wunderbar, dass wir einen Weg gefunden haben zu speichern, wie die eine eine Sache sieht und welche Perspektive der andere dazu einnimmt und die Dritte und so weiter. Und so kommen wir zu jenen Kompromissen, die unseren Frieden bewahren, uns Zukunft ermöglichen und hoffentlich unsere Freiheit stets hochhalten. Im Europaparlament laufen viele Verhandlungen nicht am Verhandlungstisch, sondern durch den Austausch von Texten, von »Anträgen«, die dann so lange angepasst werden, bis – im besten Fall – etwas Besseres entsteht, als eine Seite allein es hätte schaffen können, oder - im keineswegs schlechtesten Fall – ein guter Kompromiss vorliegt.

Aber es kommt noch besser: Das Lesen in einem Buch, das in der Printversion vorliegt – ist beinahe voraussetzungslos. Ein intaktes Augenpaar oder ein guter Sehbehelf – ich komme darauf später noch zu schreiben – und eine adäquate Lichtquelle sind hinreichend. Strom wird nicht unbedingt benötigt, eine Internetverbindung gar nicht. Mir will nichts in den Sinn kommen, was mit so wenig Aufwand so ergiebig ist, was bei so wenig »Input« so viel »Output« bringen kann. Lesen gehört zur »geistigen Nahrung«, wie sie der von mir so geschätzte Pater Prior Maximilian Krenn OSB (Stift Göttweig) oft formuliert.

Apropos Output: Klar kann man sich auch grün und blau ärgern bei mancher Lektüre. Aber selbst das wird helfen, den Verstand zu schärfen. Und viel öfter ist es der Fall, dass es zu

Aha-Erlebnissen kommt, nicht selten kommt es bei vertiefter Lektüre eines guten Buches zu einem wahren Feuerwerk an Aha-Erlebnissen.

Aber das ist nicht die einzige absolut einzukalkulierende Emotion: Ich habe bei mancher Lektüre laut aufgelacht und konnte kaum aufhören zu lachen. So ging es mir etwa, als ich auf einer Reise einmal in *Alle sind so ernst geworden* von Benjamin von Stuckrad-Barre und Martin Suter (Diogenes 2020) gelesen habe. Ich fühlte mich angehalten, meinem Sitznachbarn und sozialdemokratischem Kollegen Andreas Schieder zu erklären, warum ich hier still über einem Buch sitze und mich vor Lachen nicht halten könne.

Und es ist eben nicht dasselbe wie feine Kleinkunst auf der Kabarettbühne – die ich über die Maßen schätze – oder ein lustiger Film, den ich auch mögen kann. Denn Lesen – das mache ich in meinem Tempo, mit meiner Prioritätensetzung, ich interpretiere den Text auf meine Weise. Weder kann ich mich auf ein applaudierendes Publikum oder den Schnitt durch den Film-Regisseur verlassen, noch werde ich durch solche Begleitmusik gleichsam bevormundet. Ich notiere neben den Text meine Rufzeichen – auch Fragezeichen kommen vor. Ich mache Unterstreichungen, manchmal doppelte, manchmal mit zwei Rufzeichen. Und ich notiere auf den letzten Seiten des Buchs die Seitenzahlen, um anzugeben, wo ich Anmerkungen gemacht habe. Macht das jemand im Kabarett oder bei cineastischem Genuss? Wohl selten, auch wenn es technisch – mit viel Aufwand – möglich wäre. Und wenn ein geliebter Mensch oder auch ein kritischer Geist oder beides in ein und derselben Person, dasselbe Exemplar dann liest, hat sie oder er – ob er oder sie will oder nicht – gleich meine Kommentare inkludiert. Das gibt Gesprächsstoff. Und so verbindet Lesen Menschen, aber nicht nur so:

Durch das Lesen lerne ich die Lebenswelt von Menschen lange vor meiner Zeit kennen, genauso auch die Erwartungen an eine ferne Zukunft, wenn es um Science-Fiction oder Dystopien wie jene aus der Feder der begnadeten zeitgenössischen Schriftstellerin Juli Zeh geht (*Corpus Delicti*, Schöffling & Co., 2009). Und vor allem lerne ich unsere Welt besser kennen, in einer Dichte und einem Tempo, wie es mir selbst ununterbrochenes Reisen nicht ermöglichen würde. Und es kann sogar vorkommen, dass ich mich weniger allein fühle – oder, positiv formuliert: unter Gleichgesinnten – wenn ich lese, wie eine Autorin oder ein Autor Geschehen interpretiert und in Sprache setzt, wie etwa bei Robert Menasses leider offenbar vergriffener Publikation, die obwohl ein »Büchlein« doch ein Opus Magnum ist, namens *Dummheit ist machbar* (Sonderzahl Verlag 1999). Man müsste eine periodische Schrift daraus machen, zumindest jährlich. Aber wer kann das wie Menasse?

Es kann geschehen, dass ich – und ich übertreibe nicht! – von einem Buch aufschaue und ein anderer Mensch geworden bin als jener, der ich war, als ich den Kopf ins Buch versenkt hatte. Das geschah und geschieht immer wieder, beispielsweise bei der Lektüre von Dorothee Sölle (*Mystik und Widerstand*, Piper Verlag 1999) oder beispielsweise angesichts dieses Schlusszitats eines Essays von Thomas Köhler: »Wenn wir beim verdutzten Blick auf den Himmel dann und wann auf Erden stolpern und straucheln, möge Gesinde lachen, wie einst in der Antike beim Ursprung. Indessen; dieser Fall, es wäre zugleich ein Fall ins Denken und in den Glauben, der uns, aus eigener Stärke, angesichts der Schwäche unseres Wesens, über uns selbst transzendent lächeln lässt.«

Lesen liefert viel mehr als Information; ohne Lesen wären weder die Buchreligionen möglich, die unsere Menschheit funktional prägen, noch die Wissenschaft, die unsere Zivilisation ermöglicht und stets wachsen lässt. Lesen kann Humor schenken, zu Tränen rühren, Tränen trocknen, Erkenntnis erzeugen, zu Neuem anregen, Hoffnung geben, Liebe vertiefen und sogar Wahrheit vermitteln; Wahrhaftigkeit, viel mehr als die so wichtige »Transparenz«, bei aller Wertschätzung.

Und wo findet sich die Lektüre? Klar, in der Buchhandlung. Meine Lieblingsbuchhandlung in der Wiener Wollzeile ist der einzige Ort, an dem ich vor einem Kaufrausch nicht gänzlich gefeit bin. Nur die Vernunft, die weiß, dass nicht alles Lesenswerte gelesen werden kann, verhindert Masseneinkäufe. Klar inspirieren Empfehlungen von Familienmitgliedern und Freunden, Rezensenten oder auch Quellenangaben zur Auswahl der Lektüre; klar sind unter Buchgeschenken oft wahre Schätze zu entdecken. Aber noch besser als die Auswahl in der Buchhandlung ist die Empfehlung des wohlmeinenden Buchhändlers – oder der Buchhändlerin:

Erst unlängst fragte ich in der Wollzeile danach, was es Neues gebe. Schnurstracks wurde mir *Der Geist der Hoffnung. Wider die Gesellschaft der Angst* (Byung-Chul Han, Ullstein 2024) empfohlen. Wäre noch ein letzter Kaufimpuls nötig gewesen, es wäre die Tatsache, dass ich als jahrelanger Leiter der Korea-Delegation des Europaparlaments eine besondere Nähe zu Südkorea empfinde. Das Buch war eine Wohltat, brachte Erkenntnisgewinn und viel – Hoffnung. Und überdies wird ein Zitat aus dem Buch in meiner diesjährigen Weihnachtsgrußkarte landen. Ich bin dankbar.

So wie ich froh darüber bin, dass ich vor zwei Jahren, als ich beim Herder in der Wollzeile ein neues Buch mit schwarzem Einband sah, das den Titel *Die dunkle Seite der Christdemokratie* und gar den Untertitel *Geschichte einer autoritären Versuchung* (Fabio Wolkenstein, C. H. Beck 2022) trug, es sofort gekauft und gelesen habe. Als jemand, der sich seit der Zeit seines jungen Erwachsenenlebens mit der Christdemokratie als tragende, konstruktive, zukunftstaugliche und vor allem sinnvolle politische Richtung auseinandersetzt, der im Europaparlament jener Fraktion angehört, die nicht nur die größte ist, sondern sich »christdemokratisch« nennt, war der Titel nicht nur irritierend, sondern auch positiv-herausfordernd. – Und ich bin dankbar für diese Herausforderung; denn der Inhalt des Buches ist so lesenswert, dass ich ihn nur jeder und jedem mit Politikinteresse in Europa empfehlen kann; und mit dem Autor verbinden mich mittlerweile mehrere saftige – konstruktive! – Diskussionsrunden in Wien und Straßburg, dem Sitz des Europaparlaments.

So kann es gehen. Ohne Lesen – und ohne Buchhandlung – wäre das alles nicht geschehen, es wäre anders gekommen, weniger gut, schlechter.

Wie versprochen gehe ich noch auf das Augenlicht und das Lesen ein: Etwa ein Jahr vor seinem Ableben erzählte mein allererster Chef, der ehemalige »Hochrechner der Nation«, geniale Statistiker, Nationalratsabgeordnete mit Eleganz, Brillanz und Substanz Gerhart Bruckmann meinem ehemaligen Kollegen Stefan Naglis und mir, dass sein Augenlicht nicht mehr ausreiche – zum Lesen; und dass seine liebe Frau ihm vorlese. Diese Geschichte, dieses Faktum, hat mich tief berührt, und ich werde es nie vergessen. Es ist nicht weniger als ein Zeugnis.

Der evangelische Pfarrer sagte bei der Begräbnisfeier für Gerhart Bruckmann, dieser große Wissenschaftler – und gläubige Christ – sei ein Mann gewesen, der stets zwischen einem Rätsel und einem Geheimnis habe unterscheiden können; und unterschieden habe. Die Wissenschaft löst – dankenswerterweise – viele Rätsel, und sie braucht die Kulturtechniken des Lesens und des Schreibens dafür. Paradoxerweise gehört die Kraft des Lesens, die Inspiration aus der Lektüre, die gestalterische Kraft, die zunächst Menschen von innen verändert, bevor es zu Äußerungen – und Änderungen in der Außenwelt – kommt, zu jenen Geheimnissen, weil sie nicht vollends in Sprache zu fassen ist, obwohl es Sprache ist, die diese Kraft ausmacht.

»Eine Rede ist keine Schreibe«, sage ich immer wieder. Als Parlamentarier ist mein Beruf wortwörtlich die gesprochene Sprache. (»Es gilt das gesprochene Wort.« Dieser Satz steht am Anfang jedes einzelnen Protokolls des heimischen Parlaments.) Aber die Lektüre geht der gesprochenen Sprache voraus; und was von der gesprochenen Sprache überdauern wird ist das geschriebene Wort. Lies! Lest!

31 Josef Marketz
Das Buch: Wegbegleiter und Wegweiser

Bücher sind ein Geschenk des Himmels. Sie bewahren das Wissen, Denken und Fühlen einer Zeit, geben es weiter, und anhand von Büchern entwickelt sich der Mensch. Das ändert auch unser digitales Zeitalter nicht. Kürzlich habe ich mit Schmunzeln einen Spot gesehen, in dem für ein »Chat-Buch« geworben wurde. Ähnlich wie bei einem Fotobuch kann man darin die Chat-Verläufe von Facebook, WhatsApp etc. »für die Ewigkeit festhalten«, so die Werbung. Welchen Beweis braucht es noch für die Zeitlosigkeit des Buches?

Die Bibel, das »Buch der Bücher«, ist Grundlage der großen monotheistischen Religionen. Bücher sind die Grundlage unserer Zivilisation. Dass Bücher aber auch viel Böses anrichten können, wissen wir nicht erst seit *Mein Kampf*. Bücher werden von Menschen gemacht und sind daher »menschlich« mit allen Stärken und Schwächen. Mir persönlich bedeuten Bücher unglaublich viel. Ich habe seit meiner Jugend regelmäßig und viel gelesen, aber da hatte ich noch ausreichend Zeit dafür. In jüngster Zeit hat sich das leider geändert. Das Lesen beschränkt sich hauptsächlich auf Fachliteratur in Zeitschriften und natürlich im PC, trotzdem vergeht kein Tag ganz ohne Buch. Jetzt sind es Hörbücher. Wenn man viel unterwegs ist, kann man sogar im Auto ein Buch genießen und neue Horizonte erkunden.

Derzeit höre ich gerade das Buch von Roberto Saviano *Gomorrha* über die Richter und Anwälte, die sich in Süditalien gegen die Mafia stellten und dabei ihr Leben verloren. Es ist beeindruckend, mit welcher Konsequenz sich diese Menschen dem Bösen entgegenstellten – im Wissen, dass sie schon bald die nächsten Opfer sein würden. Mit seinem

Buch stellt sich der Autor aus Neapel selbst gegen die Mafia und lebt in der ständigen Bedrohung, einem Anschlag zum Opfer zu fallen. Es ist ein enorm spannend geschriebenes Buch eines mutigen Mannes über andere mutige Männer. Auch wenn die Mafia einen sprichwörtlich langen Arm hat, zeigt das Buch, dass sich der Einsatz für das Gute, für das Recht, lohnt.

Ein Buch, das mich enorm bewegt hat und das ich für ein außergewöhnliches Werk der jüngeren Literaturgeschichte halte, ist Maja Haderlaps *Engel des Vergessens*. Natürlich auch, weil es ganz unmittelbar in meiner Heimat Südkärnten spielt und das Schicksal der Kärntner Sloweninnen und Slowenen behandelt. Ich denke aber, dass es darüber hinaus ein Meisterwerk ist zum Umgang mit Vergangenheit, mit Schuld – auch vermeintlicher Schuld –, mit Vergessen und Verdrängen. Vielen Lesern und Leserinnen in Kärnten und weit darüber hinaus ist erst durch Haderlaps Buch das Unrecht bewusst geworden, das den Kärntner Slowenen im Zweiten Weltkrieg widerfahren ist. Und es wurde klar, dass dieses Unrecht 1945 nicht aufhörte. Ich treffe immer wieder Leute, die aus anderen Bundesländern nach Kärnten gezogen sind und sich wundern, dass bei uns die Geschichte nach so langer Zeit so intensiv nachwirkt. Maja Haderlap zeigt in ihrem Buch auf, warum das so ist. Ich finde, *Engel des Vergessens* ist eine Pflichtlektüre für ganz Österreich, damit deutlich wird, wie Vergangenheit bis heute eine Rolle spielt.

Ein drittes Buch, das mich in allerjüngster Zeit intensiv beschäftigt hat, ist von einem der großen Theologen unserer Zeit, Tomáš Halik. Seit Papst Franziskus den weltweiten synodalen Prozess angestoßen hat, denkt man überall darüber nach, wohin die Kirche in Zukunft gehen soll. Europa steht hier vor einer ganz besonderen Herausforderung. Im Zentrum Europas, nämlich in Prag, lebt Tomáš Halik, und er hat in seinem Buch *Der Nachmittag des Christentums* seinen Finger in viele Wunden gelegt, an denen wir heute leiden. An der Grenze zwischen Ost- und Westeuropa sieht Halik die großen Gegensätze. Aber es gibt ein Gemeinsames, auf dem wir alle aufbauen: die Frohe Botschaft Jesu Christi. Halik steht für eine offene Kirche, die den Menschen nachgeht und Antworten auf die Fragen gibt, die uns heute bewegen. Er hält nichts von einer starren Institution und warnt vor einer Kirche, die sich nur noch um sich selbst dreht. Aus seiner persönlichen Biografie als verfolgter Christ im Kommunismus weiß er auch, wie viel Sprengkraft für das Gute im Evangelium steckt. Diese geht ihm heute zu oft verloren, daher mahnt er eine Kirche ein, die sich auch ihrer politischen Verantwortung bewusst ist, ohne die spirituelle Dimension außer Acht zu lassen. Für mich ist Halik neben Papst Franziskus einer jener Vordenker, die mich auch im synodalen Entwicklungsprozess unserer Diözese prägen und stark beeinflussen.

32 Gerhard Marschütz
Bücher gewähren Dankbarkeit

Ich kann mich noch genau erinnern: Mit dem Beginn meines Theologiestudiums an der Universität Wien im Oktober 1976 war ich auch in das Wiener Priesterseminar eingetreten. Als mir dort mein Zimmer gezeigt wurde, war ich über ein Möbelstück darin sehr erstaunt – ein banales Bücherregal mit vier Fächern. Zu jener Zeit besaß ich nämlich mit Ausnahme von wenigen Schulbüchern keine eigenen Bücher und konnte mir absolut nicht vorstellen, jemals so viele Bücher mein Eigen nennen zu können, die das Vorhandensein dieses Möbelstücks rechtfertigen würden.

Heute, fast fünfzig Jahre später, stehen grob geschätzt etwa 4000 Bücher in meinem Homeoffice. Das hat sicher mit meiner langjährigen beruflichen Tätigkeit als Universitätsprofessor zu tun. Doch bereits mit dem Studium wurde mir Bücherlesen zur neu entdeckten und bis heute andauernden Leidenschaft. Es bedeutete mir stets Horizonterweiterung. Sich auf Gedanken von Autorinnen und Autoren einlassen, einzelne Sätze anstreichen oder abschreiben und dadurch eigene Überlegungen (mitunter erstmalig) entdecken und entfalten zu können, das alles ermöglichen Bücher und gewähren so ein Gefühl von Dankbarkeit.

Ja, Dankbarkeit. Der evangelische Theologe Dietrich Bonhoeffer hat 1943 aus dem Gefängnis in einem Brief an seine Eltern geschrieben: »Im normalen Leben wird es einem oft gar nicht bewusst, dass der Mensch überhaupt unendlich mehr empfängt, als er gibt, und dass Dankbarkeit das Leben erst reich macht.« Dieser Satz gilt freilich keineswegs nur, aber sicher auch in Bezug auf Bücher. Wird doch die dem Bücherlesen gewidmete Zeit üblicherweise dem »normalen

Leben« abgerungen, diesem gleichsam entrissen. Damit eröffnet sich die Chance, für über jeweilige Bücher vermittelte
Ideen, Gefühle und Erlebnisse empfänglich zu werden und
derart dann dankbar zur Kenntnis nehmen zu dürfen, wie
sehr dadurch das Leben bereichert wird.

Die Bereicherung geschieht vielfältig. Schriftstellerinnen
und Schriftsteller etwa vermögen uns mit ihren Romanen,
Erzählungen oder Gedichten im wahrsten Sinn des Wortes
zu fesseln. Diese Passage eines Romans oder jene Zeile des
Gedichts lässt einen oft über Wochen oder gar Jahre hinweg
nicht mehr los, sie prägt sich wie ein unverlierbarer Schatz
dem Leben ein. Anders bereichert spirituelle Literatur. Im
christlichen Kontext verdeutlicht und befruchtet sie Möglichkeiten der Nachfolge Jesu, welche ein »Leben in Fülle«
(Joh 10,10) bruchstückhaft zur Erfahrung bringen. Blau markiert habe ich diesbezüglich einen Satz in einem Buch von
Madeleine Delbrêl, wonach Gott »nur in der Einsamkeit« begegnet werden kann: »Die wahre Einsamkeit liegt nicht in
der Abwesenheit der Menschen, sondern in der Anwesenheit
Gottes.« Bücherlesen kann immer wieder in solche Einsamkeit führen.

Nochmals anders bereichert haben mein Leben wissenschaftliche Werke. Ihnen verdanke ich in formaler Hinsicht
systematisches Nachdenken sowie stringentes Argumentie-
ren und in inhaltlicher Hinsicht den Zugang zu zahlreichen
Feldern des (sehr weit ausschreitenden) theologischen Denkens. Angefangen von Karl Rahners *Grundkurs des Glaubens*
über Klaus Demmers *Moraltheologische Methodenlehre* bis hin
zu Thomas Pröppers *Theologische Anthropologie* und diversen
Werken aus den *Gender Studies* reicht der hier nur bruchstückhaft benennbare Horizont der Dankbarkeit. Und selbstverständlich prägen sich auch hier Lebenssätze ein. So etwa
ein Satz aus Jürgen Werbicks Fundamentaltheologie *Den*

Glauben verantworten, der besagt, dass »die Glaubenden auch ihre Sache sein lassen, was Gott zu seiner ureigenen Sache gemacht hat: die Würdigung des Menschen«. Die Erfahrung der Würdigung lässt aufatmen und hoffnungsfroh leben. Demgegenüber steht ein Satz von Friedrich Nietzsche als Mahnung: »Man soll nicht in Kirchen gehn, wenn man reine Luft athmen will.«

Nicht nur Kirchen verbreiten damals wie heute mitunter schlechte Luft, es gibt auch derartige Bücher, die beim Lesen primär Ärger hinterlassen und dennoch, wie das bei mir beruflich der Fall war, gelesen werden mussten. Überwiegend war es mir aber möglich, Bücher zu lesen, die ich selbst – nicht selten aufgrund von Empfehlungen – ausgesucht hatte und somit auch lesen wollte. So manche solcher Bücher verdanken sich auch der Empfehlung von Gerhard Zach.

Damit gelangt erneut der Zusammenhang von Büchern mit Dankbarkeit zur Geltung. Der Folgesatz zum obigen Zitat von Dietrich Bonhoeffer lautet: »Man überschätzt wohl leicht das eigene Wirken und Tun in seiner Wichtigkeit gegenüber dem, was man nur durch andere geworden ist.« Darüber ist jeden Tag neu nachzudenken. Dass ich selbst einmal Bücher schreiben sollte, zuletzt 2023 eines zum Thema Gender, war mir einst gänzlich unvorstellbar. Das verdanke ich über eigene Anstrengung hinaus auch der Zumutung anderer. Somit vermitteln auch Zumutungen, wiewohl meist erst im Rückblick und relativ unaufdringlich, dankbare Gewissheit.

33 Christian Marte
»Ich habe keine Zeit zum Lesen.« – Warum auch Führungskräfte mehr Bücher lesen sollten.

»Können Sie mir ein Buch empfehlen, das ich lesen soll?« – »Ach, wissen Sie, ich habe keine Zeit zum Lesen.« Immer wieder höre ich diese Antwort auf meine Frage, besonders auch von Menschen, die für andere Verantwortung tragen. Hier sind sieben praktische Hinweise zum Bücherlesen.

1. Wie finde ich für mich interessante Bücher? Mir hilft der Besuch von Buchhandlungen (z. B. bei Herder in der Wollzeile in Wien). Dann Rezensionen in Zeitungen oder online. Und schließlich die Bitte um Leseempfehlungen. Wenn wir unseren persönlichen Radarschirm aufmachen, dann merken wir, wo es uns hinzieht: zu Literatur oder zu Sachbüchern, zur Lyrik oder zu Graphic Novels.

2. Wie hoch ist das Bücherbudget? Dafür gibt es keinen absoluten Betrag. Mein Zugang ist der: Bücherlesen stärkt mich und gibt mir neue Ideen. Das ist auch ökonomisch sinnvoll. Ich bin beim Bücherbudget also eher großzügig.

3. Wo liegen die ungelesenen Bücher? Mir hilft es, einen Stapel ungelesener Bücher in Sichtweite zu haben. Nicht nur im Schlafzimmer, sondern auch im Büro. Bücher müssen sichtbar sein. So werden sie zu einer realen Alternative zum Surfen im Internet.

4. Muss ich jedes Buch ganz lesen? Nein. Wenn ich merke, dass mich das Buch jetzt nicht anspricht, dann kann ich auch mittendrin aufhören zu lesen. Es gibt keine Verpflichtung zum »Fertiglesen«.

5. Wie merke ich mir die wesentlichen Punkte eines Buchs? Abschnitte, die mich inspirieren, unterstreiche ich mit rotem

Filzstift. Wenn mich ein Buch wirklich anspricht, dann mache ich für mich selbst eine Zusammenfassung. Das ist gleichsam eine persönliche Fortbildung. Und manchmal schreibe ich dem Autor oder der Autorin.

6. Was sind ideale Zeiten zum Lesen? Da hat wohl jeder andere Zeiten. Abends findet sich oft Zeit vor dem Einschlafen. Auf Reisen habe ich immer ein Buch dabei. Und für den Urlaub und für Exerzitien ist es gut, sich schon während des Jahres ein paar Bücher zu besorgen. Lesen hilft, vom kurzatmigen Internet zu einer längerfristigen Perspektive zu kommen.

7. Wie werde ich Bücher wieder los? Das ist fast die schwierigste Frage. Ungern trennen wir uns von Büchern. Aber wenn wir einmal spontan Freude am Aufräumen haben, dann ist es gut, auch Bücher auszusortieren. Nicht alles müssen wir aufbewahren. Wir können Bücher zum Flohmarkt geben. So wird die eigene Bibliothek mehr und mehr zu unserer persönlichen »best of selection«.

Bücher können ein guter Teil von »digitalem Detox« sein. Sie weiten unseren Horizont. Sie helfen uns, die Welt und die Menschen zu verstehen. Bücher können durch nichts ersetzt werden. Darum sollten Menschen, die für andere Verantwortung tragen, mehr Bücher lesen.

Gewidmet Gerhard Zach und dem Team der Herder Buchhandlung in der Wollzeile in Wien, mit aufrichtigem Dank für hilfreiche Gespräche, für jeden guten Rat und für viele inspirierende Bücher. Dem neuen Inhaber Dr. Tobias Mayer wünsche ich ein gutes Gespür für die Lesebedürfnisse der Menschen, ökonomisches Gelingen und in der Leitungsaufgabe eine gute Portion Humor.

34 Beatrix Mayrhofer
Du führst mich hinaus in Weite

Eine Bibliothek hat es bei uns zu Hause nicht gegeben, nicht einmal ein Bücherbrett. Da standen in dieser Nachkriegszeit keine gesammelten Werke im Schrank. Die Mutter hat ihr Kochbuch gehabt, der Vater seine Zeitschriften, und meine Schwester und ich haben mit dem Atlas gespielt. Wir spielten das Raten: Da musste die eine erraten, wo die andere gerade hingeschaut hat. Das war ein kleines, ein kindliches Spiel, in dem wir schon lernten, dass die Welt größer ist als die Vorstadt von Wels.

Vielleicht haben wir Kinder auch ein Lesebuch gehabt. An die Schulbücher kann ich mich gar nicht erinnern. Meinen Lesestoff habe ich mir dann einige Jahre später selber verschafft. Anfang der Sechzigerjahre war das Verteilen von Strafen in der Schule noch eine Selbstverständlichkeit. Diese Praxis eröffnete mir eine nie entdeckte Einnahmequelle. Die Lehrerin für Handarbeit und Hauswirtschaft hatte die Gewohnheit, zur Strafe drei – oder auch fünf – selbstgenähte Knopflöcher auf kleinen Stofffleckerln zu verlangen. Es konnten auch mehr sein: je mehr, umso besser für mich! Ich konnte das gut, das Knopflöchernähen. Ich habe daraus ein Geschäft gemacht, denn ich habe Knopflöcher auf Bestellung genäht für die Bestraften, die sich bei mir um je zehn Groschen ihre Knopflöcher gekauft haben. Das hat sich summiert, da sind irgendwann sieben Schilling daraus geworden. Und sieben Schilling hat so ein Reclamheft gekostet, diese gelben Hefte mit der ganzen Welt der Literatur im kleinen Format.

Ich freue mich immer noch, wenn ich eine gelbe Reihe in einer Buchhandlung sehe. Damals sind die Klassiker in meine private Büchersammlung gekommen, aber ein Autor, dessen Werke nicht in der gelben Reihe stehen, hat mir die Welt zum

Denken weit aufgestoßen, weiter noch, als sie mir durch die klassische Literatur schon begegnet ist. *Der Mensch im Kosmos* von Teilhard de Chardin ist kein Buch in der Reclam-Reihe. Ich weiß nicht mehr, wie mir dieses Werk in die Hände gefallen ist. Ich weiß nur, wie fasziniert ich war von dem Gedanken, dass die Entwicklung des Seins in Bewegung ist, dass Schöpfung mehr ist als das, was wir im Religionsunterricht lernen. Mit den Einsichten von Teilhard hat mich der Schöpfer hinausgeführt in eine neue Freiheit. Der Jesuit Teilhard wurde selbst, weil seine Einsichten zu weit weg waren von der damals offiziellen Lehre der Kirche, von seinem Orden zur Sicherheit nach China geschickt, zu archäologischen Forschungen am anderen Ende der Welt. Ich verdanke diesem gläubigen Forscher und Denker eine frühe Einsicht: Es lohnt sich, zu lesen, zu denken, weiterzufragen und festzuhalten an eigener Einsicht und am Geschenk des Glaubens. Und es ist ein Risiko.

Wenige Jahre nach der Matura bin ich nach Grillparzer, Goethe und Schiller beim Räuber Hotzenplotz und der Kinderliteratur gelandet. Ich habe Pädagogik studiert, Schwerpunkt Entwicklungspsychologie, und habe über Kinderliteratur dissertiert. Heute gibt es viele kritische Stimmen zu den Kinderbüchern und zu so manchem Autor der Sechzigerjahre. Das Otfried-Preußler-Gymnasium in Pullach bei München hat den Antrag auf Umbenennung gestellt. Die Nazi-Vergangenheit Preußlers musste erst aufgearbeitet werden, die Fragen nach Geschlechtergerechtigkeit und Genderfragen haben mich erst viel später herausgefordert. Zu diesen und noch vielen weiteren Fragen hat mich das Studium der Psychologie, der Philosophie und dann der Theologie geführt. Und wieder war es ein Buch, für das ich heute noch dankbar bin. Zwei Semester konnte ich in Regensburg studieren. Professor Ratzinger hatte gerade seine *Einführung in das Christentum* publiziert, und die Studenten in Regensburg stürmten seine Vorlesungen. Ratzingers Einführung ist für mich zu einer neuen Hinführung geworden. Glauben und Denken, Vernunft, Religion und Naturwissenschaft widersprechen einander nicht, sie können im großen Bogen zusammengedacht werden.

Aus dem Denken in großen Bögen wurde dann bei der Fortsetzung des Studiums der Theologie in Wien ein sehr genaues Hinschauen auf das Wort, eine beständige Frage, was denn da eigentlich steht, wie das im Urtext heißt. Das Lernen der griechischen Sprache hat mir ein neues Tor geöffnet. Mir hat es große Freude bereitet. Ich konnte mit einer neuen Sprache Sachverhalte denken, die ich in meiner deutschen Muttersprache gar nicht ausdrücken konnte. Und wenn sich das Studium der Exegese zuerst als kleinliche Wortklauberei anfühlte, so hat das genaue Hinschauen den behutsamen Blick geschärft und mich zum Fragen herausgefordert, was denn da wirklich steht und was dahinter zum Vorschein kommt. Heute noch staune ich über die Fähigkeit unseres Professors für Altes Testament, der uns von seiner Forschungsarbeit in Ägypten berichtet und mit Leichtigkeit Hieroglyphen an die Tafel gemalt hat.

Nur einige Jahre später habe ich dann diese Leichtigkeit bei einer unserer besten Schülerinnen erlebt. Sie, die wir im Schulalltag nicht zu den Braven gezählt hätten, hat in sechs Semestern altorientalische Sprachen studiert, über Sanskrit dissertiert und ihr Namensschild, leserlich nur für Eingeweihte, in Keilschrift verfasst.

Auch das hat mich eine neue Weite gelehrt. Die Menschen, die mir begegnen, die mir als Schülerinnen und Schüler anvertraut waren, brauchen den behutsamen Blick, das Denken über die Grenzen hinaus, die Ermutigung zu ihren je eigenen Möglichkeiten in unserer Welt.

Buchstaben werden zu Symbolen für Enge und Weite. Immer wieder verwundert es mich, dass wir mit unseren

26 Buchstaben in deutscher Sprache alles schreiben können, was wir zu denken vermögen. Fast alles. Denn nicht für alles, was ich fühle und was ich ahne, gibt es ein Wort. Manchmal verschlägt es mir auch das Reden, wird mir die Sprache zu eng.

Vielleicht hat es meinem so verehrten Teilhard de Chardin damals die Sprache verschlagen, als ihm nahegelegt wurde, seine Forschungen am anderen Ende der Welt weiterzuführen. Es hat mich sehr gefreut, dass im Herbst 2023 einer seiner Mitbrüder im ignatianischen Geist, Papst Franziskus, der auch von sich sagt, er sei vom anderen Ende der Welt gerufen worden, bei seinem Besuch in der Mongolei darauf bestanden hat, den abgelegenen Ort in der Wüste Ordos zu besuchen und an Teilhard de Chardin zu erinnern. In sehr besonderer Weise wird hier die Wahrheit des Leitverses spürbar, wenn wir mit Psalm 18,20 beten: »Er führte mich hinaus ins Weite, er befreite mich, denn er hatte an mir Gefallen.« Teilhard de Chardin hat so eine späte Anerkennung erfahren – vom Papst, der sein Mitbruder ist.

Der Geist Gottes führt, immer wieder auch durch ein Buch, durch ein Wort.

Ich kann meine sehr persönliche Buchgeschichte nicht beenden, ohne an den letzten Vers des Johannesevangeliums zu erinnern. »Es gibt noch vieles andere, was Jesus getan hat. Wenn man alles aufschreiben wollte, so könnte, wie ich glaube, die ganze Welt die Bücher nicht fassen, die man schreiben müsste.« (Joh 21,25). Für meine eigene Fortsetzung der kleinen heiligen Schrift meines Lebens habe ich unlängst ein Buch gefunden. Es gibt in der edition suhrkamp ein kleines Buch – es ist klein und gelb – und es ist leer. Es ist ein Notizbuch im Reclam-Format – zum Weiterschreiben. Es hat die Nummer 978-3-518-07122-9 und es kostet 5,20 Euro. Gut, dass ich dafür keine Knopflöcher mehr nähen muss.

35 David Novakovits
Was Bücher und Räuber gemeinsam haben

Ich lese vornehmlich aus jenem Grund gerne, der wohl sehr viele Leserinnen und Leser motiviert: um fremde Welten kennenzulernen und sich in Geschichten verstricken zu lassen, die einen selbst mit ungewohnten Perspektiven konfrontieren. Walter Benjamin hat hier eine Metapher geprägt, die, wie ich finde, sehr treffend ist: Bücher können wie »Räuber« am Weg sein, die einem »die Überzeugung abnehmen«, die man mit sich herumträgt. Sie lassen das Bekannte manchmal in zweifelhaftem Lichte erscheinen – und somit zum Nachdenken zwingen. Sie berauben uns also, indem sie uns bereichern.

Rückblickend denke ich, dass dies schon von Kind auf für mich ein wesentliches Motiv für das Lesen war: Ich kann mich erinnern, dass meine Mutter mit uns alle paar Wochen in die Bibliothek des Nachbardorfs gefahren ist – mein Bruder und ich sind eigentlich immer gerne mitgekommen. In der Rückschau war es vielleicht auch die Ahnung, dass ein Buch nämlich *etwas enthalten kann, was einem die Eltern (bislang) nicht gesagt haben*: Geschichten und Perspektiven, die »aus der weiten Welt« kommen und den Horizont der Familie und des elterlichen Universums überschreiten.

Was man gerade heute vielleicht lesen soll, ist eine sehr gute Frage. Auf jeden Fall Bücher, die die Fähigkeit haben, einem selbst Fremdes näherzubringen. Auf grandiose Art und Weise schafft dies beispielsweise Navid Kermani, finde ich. Sowohl seine Reiseerzählungen als auch seine Texte im Kontext von Religion sind jedes Mal eine Erfahrung, die von dem Gefühl begleitet wird, etwas Neues verstanden zu haben. Manchmal ist es jedoch auch schön, etwas bereits Ver-

trautes zu lesen – Bücher und Geschichten, in welchen man
die eigenen Gedanken in gewisser Weise auch wiederfindet,
denn: Von Zeit zu Zeit ist es notwendig, von *Genossinnen und
Genossen im Denken und Fühlen* zu wissen.

So manche Bücher sind ein Gesamtkunstwerk, und bei
anderen lohnt es sich schon, sie bloß wegen eines einzigen
Satzes zu lesen: In Roberto Benignis Interpretation von
Dantes *Divina Commedia* beispielsweise findet sich etwa so
ein Satz. Dante, der zu Beginn der Geschichte vom Weg
abzukommen droht, trifft auf Vergil, der ihm Mut machen
möchte, die Reise fortzusetzen. Dante zweifelt ein wenig –
und erst als er von Vergil hört, dass am Ende des Weges (durch
Hölle und Himmel sozusagen) Beatrice auf ihn wartet, findet Dante die Motivation, sich auf die Geschichte einzulas-
sen. Benigni interpretiert die Erzählung nicht etwa im Sinne
einer hochtheologischen Abhandlung (das ist sie natürlich
auch), sondern meint – und hier kommt der so unglaublich
schöne Satz ins Spiel – dass »das gesamte Buch geschrieben
wurde, um die Augen einer Frau – die von Beatrice – wie-
derzusehen«. Was für ein grandioser Gedanke!

Und dann gibt es noch Bücher, die sind dermaßen gut
geschrieben, dass man die eigenartigsten Zustände dabei
bekommen kann: Wer beispielsweise (warum auch immer)
möchte, dass ihm beim Lesen einmal so richtig körperlich
übel wird, der könnte etwa *Unterwegs im Namen des Herrn*
von Thomas Glavinic lesen: Die Ich-Figur des Buches trinkt
im Laufe der Erzählung dermaßen viel Schnaps, dass man
zwischendurch das Buch weglegen muss, damit einem selbst
nicht dabei komplett schlecht wird.

Darüber hinaus erinnere ich mich gerne daran, dass das
gemeinsame Lesen von Büchern eine wunderbare Erfahrung
sein kann: Das Lesen und Diskutieren von Texten in einer
Gruppe (klischeehaft etwa in einem Wiener Kaffeehaus oder

im sommerlichen Gastgarten bei einem Glas Bier) finde ich seit der Zeit des Studiums bis heute noch immer äußerst fruchtbar; gerade das *Dranbleiben* an Texten, die einem oft sperrig und wie versiegelt sind, gelingt in der Gruppe zuweilen leichter. So erschließt sich manchmal dann doch eher ein solcher Text durch die gemeinsame Lektüre und das Hören verschiedener Lesarten. Ich halte es außerdem für beruhigend zu wissen, dass sich ganz unterschiedliche Menschen immer wieder zum Lesen von und Diskutieren über Bücher verabreden – das scheint mir ein nicht ganz unwesentlicher Beitrag für die Entwicklung einer demokratischen Kultur zu sein, die wir meines Erachtens heute so dringend benötigen.

Zum Abschluss möchte ich noch explizit zwei Bücher benennen, die – vielleicht – auf eine bestimmte Art die große und ganz heterogene Bandbreite davon verdeutlichen, was Bücher vermögen: Im *Tagebuch aus dem Warschauer Ghetto 1942* berichtet der polnische Arzt und Pädagoge Janusz Korczak von der Zeit im Ghetto, zu der er und die Waisenkinder, für die er sich bis über den Tod hinaus verantwortlich fühlte, gezwungen wurden. Es sind teils nüchtern-pädagogische und teils sehr private Notizen, die Korczak der Nachwelt hier hinterlassen hat. Sie stellen ein Zeugnis dar, das die Kraft besitzt, sich tief in das Bewusstsein derjenigen einzuschreiben, die diesen Text auch heute noch lesen.

Auf einer ganz anderen Ebene ist der philosophische Roman *Die Eleganz des Igels* von Muriel Barbery angesiedelt – ein Roman, der auf eine zutiefst freundliche Art und Weise zum Nachdenken über das Leben einlädt. (Dieses Buch war – wie so viele andere wertvolle Bücher, die ich gelesen habe – ein Geschenk. Dies sehe ich als einen Beweis dafür an, wie wichtig Menschen sind, die einem immer wieder gute Bücher empfehlen und weiterreichen. Zu dieser Gruppe gehören natürlich auch gute Buchhändlerinnen und -händler

...) An diesem Buch wird für mich exemplarisch deutlich, dass Erzählungen Gedanken und Perspektiven anbieten, die einem beim Verstehen der eigenen Existenz behilflich sein können – was guttut, um nicht »wie die Fliegen, die immer gegen die gleiche Scheibe stoßen«, immer unruhiger in diesem (manchmal absurden) Leben werden zu müssen.

36 Rainer Oberthür
Lesezeichen meines Lebens: eine Annäherung über zwölf Aphorismen

»Sprachkürze gibt Denkweite« (Jean Paul): Mein Lieblingsaphorismus thematisiert die Aphorismen selbst. Sie verdichten Lebenserfahrungen in prägnanten Sätzen und eröffnen bei den Lesenden vielfältige Assoziationen sowie eigenes Nachdenken. So umkreise ich die Frage nach den Büchern und mir, nach meinem Lesen und Schreiben mithilfe von zwölf der zahlreichen Aphorismen über Bücher.

> »Von seinen Eltern lernt man lieben, lachen und laufen. Doch erst wenn man mit Büchern in Berührung kommt, entdeckt man, dass man Flügel hat.«
>
> *Helen Hayes*

Bücher beflügeln die Fantasie besonders junger Menschen. Meine Kindheitserinnerungen an das erste Lesen beziehen sich auf »Klassiker«, sind aber verschwommen. Doch die Erfahrung intensiven Abtauchens in andere Welten erlebte ich bereits früh. Nachhaltig prägende Bücher waren z. B. Michael Endes Buch *Momo* (später auch *Die unendliche Geschichte*), das ich als ungefähr 13-Jähriger las.

> »Ein Raum ohne Bücher ist wie ein Körper ohne Seele.«
>
> *Cicero*

Tatsächlich wäre ohne Bücher unser Haus wie auch mein Leben leerer. Bücher umgeben mich äußerlich und innerlich. Vor, während und nach dem Lesen geht von ihnen etwas Tröstliches und Sinnerfüllendes aus. Ein Buch ist wie ein

Freund: Wenn ich Zeit damit verbracht habe und es mir gefällt, möchte ich es weiter bei mir haben.

»Wenn es mir schlecht geht, gehe ich nicht in die Apotheke, sondern zu meinem Buchhändler.«

Philippe Djian

Mir geht es gut, wenn ich viel Zeit in Buchhandlungen verbringen kann, oft in großen, die wie aktuelle Bibliotheken sind, lieber aber in kleinen, die mir Entdeckungen ermöglichen, die mir sonst entgehen würden. Städte erschließe ich mir auch über ihre Buchhandlungen, die für mich zu den anregungsreichsten Orten gehören. Ich lese gern wie ein Flaneur in vielen Büchern. Oft erwerbe ich sie erst nach mehrmaligem Hereinlesen, weil sie mich nicht loslassen.

»Bücher sind wie Spiegel: Man sieht in ihnen nur, was man schon in sich hat.«

Carlos Ruiz Zafón

Mich erreichen Bücher immer dann, wenn sie etwas wecken, was schon in mir ist. Diese Resonanz ist aber nicht deckungsgleich mit mir, sondern spannungsreich zu mir. In der Balance zwischen Wiedererkennen und Differenz ergibt sich eine Lektüre, die mich beglückt und bereichert.

»Denn ich ohne Bücher bin nicht ich.«

Christa Wolf

Das Lesen gehört zu meinem Leben und bestimmt viele Tage meines Lebens. Dabei kommt es nicht auf die Menge des Lesens an, sondern auf die Begleitung des Gelesenen durch die Tage im Strom all dessen, was mich gerade beschäftigt und bewegt.

»Gut Buch will Weile haben.«

Friedrich Nietzsche

Ich lese nicht schnell, und je mehr mir ein Buch gefällt, umso langsamer lese ich es und genieße Seite für Seite. Mir behagen eher schmalere Werke als dicke Wälzer, eher verdichtete Poesie als lang und breit ausgeweitete Beschreibungen.

»Kein Schiff trägt uns besser in ferne Länder als ein Buch.«

Emily Dickinson

»Alle Dinge, die wir sehen, können wir doppelt anschauen: als Tatsache und als Geheimnis. Aus dem Wirklichen erwächst das Erstaunliche.« Mein Leitmotiv zum Umgang mit dem Realen und Symbolischen gilt auch für Bücher. Der neunjährige Mika hat es erfahren und verstanden. Er schreibt: »Ein Buch ist mehr als ein Buch. Es stehen nicht nur Tatsachen darin, sondern man kann auch Geheimnisse daraus lesen!«

»Andere mögen sich der Bücher rühmen, die sie geschrieben haben, mein Ruhm sind die Bücher, die ich gelesen habe.«

Jorge Luis Borges

Und eigene Bücher gäbe es ohne andere nicht. Ich hätte keins meiner über 30 Bücher ohne das Lesen anderer Bücher geschrieben. Oft entstehen aus dem Lesen meine Buchideen, das jeweilige Thema und Konzept, Impulse zum Schreiben. Es sind Anstöße von außen, die mich innerlich lange beschäf-

tigen und zum eigenen Buch führen: ein spannender Prozess
mit offenem Ausgang!

»Die nützlichsten Bücher sind diejenigen, die den Leser
zu ihrer Ergänzung auffordern.«

Voltaire

In Büchern möchte ich nicht belehrt werden. Sie sollen mir
helfen, mich selbst zu bilden. Sie sollen so viele Lesarten eröffnen, wie es Lesende gibt. Zwar sollten sie Menschen helfen, die Welt und sich besser zu verstehen, aber auch das Geheimnis hinter allem ahnen lassen.

»Die Bibel ist das einzige Buch, das ich lese und das zugleich mich liest.«

Afrikanische Christin

Das »Buch der Bücher« wird mich immer inspirieren, da es
zugleich ein Buch der Fragen als auch ein Buch vieler Antworten ist, die mich weiterfragen und mein Leben neu sehen
lassen. Das beginnt schon bei Kindern und hört im Leben
niemals auf, wenn Menschen die Chance bekommen, biblische Worte und Erzählungen eigenständig zu entdecken, auf
ihr Leben zu beziehen und so sich selbst zu bilden.

»Bücher begleiten uns durch unser Leben. Sie sind Mittel
unserer Menschwerdung, sie vertiefen unser Bewusstsein.«

Reinhard Piper

Im Schreiben meiner Bücher versuche ich zuerst für mich,
die Welt und das Leben, die Fragen nach dem Woher und
Wohin, nach dem Warum und dem Sinn zu ergründen. Wenn
ich es dann anderen, vornehmlich jungen Menschen, aber

auch »allen im Haus« zum Fragen, Antworten und Weiterfragen anbiete, hoffe ich ihnen damit eine Hilfe zur Menschwerdung anzubieten. Im besten Fall fördert es nachhaltig ihre
Persönlichkeitsentwicklung, ihre Sinnfindung und ihr Er-
wachsenwerden in Fragen des Glaubens. Geschieht das nur
bei einem Menschen, bin ich glücklich.

»Sprachkürze gibt Denkweite.«

Jean Paul

Dieser kluge Gedanke spiegelt wider, was mich in vielen
Büchern begeistert und ich in eigenen Büchern oft versuche. Ich mag die Komposition und Kombination von kurzen eigenen Texten mit anderen Elementen, also mit Bildern,
Bibelversen oder Liedern. Das schafft eine offene und sehr
demokratische Rezeption mit unzähligen Möglichkeiten,
Verschiedenes miteinander zu verbinden. So können Menschen zu eigenen Lesarten kommen, die größer sind als meine guten Absichten. So können sie mit Büchern persönliche
Lesezeichen des Lebens setzen.

37 Regina Polak
Der Himmel ist eine Bibliothek

Der Schreck fuhr mir jüngst in alle Glieder. Selbst wenn ich morgen in Pension ginge, täglich acht Stunden lesen und hundert Jahre alt würde: Es geht sich schlichtweg nicht mehr aus, all die Bücher zu lesen, die in meiner Privatbibliothek ungelesen meiner Lektüre harren. Geschweige denn werde ich, mit meinen 57 Lebensjahren, all die Bücher lesen können, die mich in Buchhandlungen verführen wollen oder noch erscheinen werden.

Ich könnte mich von Umberto Eco trösten lassen, für den eine Privatbibliothek ohnedies kein Anhang zur Stärkung des Egos, sondern als »Antibibliothek« ein Forschungsinstrument ist, das einem ein Leben lang die Welt immer tiefer zu entdecken ermöglicht, weshalb gelesene Bücher daher ohnedies weniger wertvoll sind als ungelesene. Ich stimme ihm zu. Denn jedes ungelesene Buch ist eine Verheißung, dass es in meinem Leben noch unendlich viel zu entdecken gibt. Die Welt mit ihren Geheimnissen ist unausschöpflich. Und nichts macht mir mehr Angst als geistige Sattheit und Selbstzufriedenheit. Aber der Schmerz, dass die irdische Zeit zum Heben all dieser verborgenen Schätze nicht reicht, bleibt.

Und deshalb muss der Himmel eine Bibliothek sein.

Eine Buchhandlung ist daher so etwas wie eine Vorahnung des Himmels.

Bücher sind für mich Freunde. Zwischen den Buchdeckeln eröffnet mir jemand eine neue Welt. Jede Seite lässt mich die Welt eines anderen Geistes, einer anderen Seele berühren und eröffnet eine mir unbekannte Perspektive. Das ist aufregend! Und von diesen Freunden darf ich mich beschenken lassen.

In der Bibliothek meiner Mutter lag ein Lesezeichen der Buchgemeinschaft Donauland: »Ein Raum ohne Bücher ist wie ein Körper ohne Seele.« Das habe ich schon als Kind intuitiv verstanden.

Natürlich gibt es auch schlechte Freunde. Bücher, die mich moralisch belehren; Bücher, die mir ihre ideologische Agenda aufdrängen; langweilige Bücher, Bücher in schlechter Sprache, auch hässliche Bücher.

Aber es fällt mir trotzdem schwer, mich von meinen schlechten Freunden zu trennen. Auch von ihnen kann man vieles lernen: Faktoren identifizieren, die mir die Lektüre erschweren – man lernt, wie man es nicht machen sollte. Man lernt auch über sich selbst: Vielleicht finde ich das Buch nur schlecht, weil ich etwas nicht hören möchte. Und manchmal braucht man Geduld, bis man doch etwas Gutes im schlechtesten Buch entdeckt. Das ist fast immer möglich. Bücher sind auch Tugendlehrer. Meinen Studenten sage ich: Wie man mit Texten umgeht, so geht man auch mit Menschen um.

Mein Beruf bringt es mit sich, dass ich viel lese. Leider zwingt mich das dominante Wissenschaftsverständnis zu oft dazu, Bücher auf ihren Ertrag für einen eigenen Text »auszuwerten«. Diesen instrumentellen Zugang erlebe ich als respektlos und zerstörerisch. Er benutzt Gedanken anderer Menschen für Eigeninteressen und beeinträchtigt meine Dialogfähigkeit. Meine Laune sowieso.

Das Lesen, das ich liebe, ist ein stiller Dialog, in dem ich mir vom Gegenüber etwas zeigen lasse. Lesen ist für mich ein spiritueller, ein meditativer Vorgang. Geist begegnet Geist. Und dabei kann etwas ganz Neues entstehen. Meine besten Forschungsideen kommen mir, wenn ich im Sommerurlaub, bepackt mit einem Bücherkoffer, einen Monat lang querbeet und in Ruhe all die Bücher lese, die ich mir das Jahr über auf meiner Leseliste notiert habe. Sie haben zumeist nichts mit meiner Wissenschaftsdisziplin zu tun. Romane, Krimis, Fachbücher aus anderen Disziplinen, Gedichte etc.: Das Lesen ohne Druck und Verwertungsinteresse inspiriert. »Der Herr gibt es den Seinen im Schlaf«, spricht der Beter in Psalm 127. Was ich untertags erlesen habe, formt sich im Schlaf nicht selten zu einer neuen Erkenntnis oder Idee – ganz ohne Plan und Absicht.

Ein Herzens- oder Lieblingsbuch kann ich eigentlich nicht nennen. Je nach Lebenssituation und umtreibender existenzieller oder Forschungsfrage waren mir einzelne Bücher für eine spezielle Zeit sehr nahe. Dazu »musste« es mir Worte und Sprache schenken für Sehnsüchte, Erfahrungen, Gedanken, diffuse Theorien, die ich selbst nicht auf den Begriff bringen konnte.

Ein Buch begleitet mich ein Leben lang – und das mag nun nicht nach sozial erwünschter Antwort klingen: Das Buch der Bücher, die Bibel ist eine unausschöpfliche Bibliothek. Die Lebensgeschichte mit der Bibel begann 1974, als ich die *Bibelgeschichten* von Gertrud Fussenegger mit Bildern von Janusz Grabianski unter dem Christbaum fand. Die biblischen Geschichten gefielen mir eindeutig besser als die *Griechischen Götter- und Heldensagen*, die daneben lagen. Heute kann ich begründen, warum ich dem biblischen Kosmos Vorrang gegenüber dem griechisch-mythologischen gebe. Als Theologin kann ich natürlich auch die Darstellung Fusseneggers kritisieren. Aber das nimmt der Kinderbibel nicht ihren Zauber. Und die emotionale Bewertung meiner Kindheit, die mir geblieben ist, kann ich heute nur in Sprache fassen, weil ich dazwischen viel gelesen habe. Es war die Kinderbibel, die meinen Weg in die Theologie eröffnet hat.

Selbstverständlich muss nicht jeder Mensch seine Leidenschaft für die Bibel zum Lebensinhalt machen. Aber aufgrund meiner Lesebiografie bin ich zutiefst überzeugt, dass man ohne Lesen nicht zu dem Menschen wird, der man sein kann. »Die Grenzen meiner Sprache bedeuten die Grenzen meiner Welt«, schrieb Ludwig Wittgenstein. Wer in das Geheimnis der Welt eintauchen möchte, muss lesen. Lesen ist ein Weg zur Transzendenzerfahrung. Diese Transzendenz muss nicht »Gott« sein. Aber zu erfahren, dass es »mehr als alles geben muss« (Dorothee Sölle) – dazu verhelfen Bücher.

Lesen kann und soll man alles, was einem in die Finger kommt. Neben der Bibel habe ich als Kind tonnenweise Micky-Maus-Hefte und Agatha-Christie-Krimis gelesen. Die Lesekompetenz kommt mit der Freude am Lesen. Mein Sohn hat als Kind nicht gerne gelesen, in der Schule hatte man ihm die Lust darauf verdorben. Aber wir haben ihm in der Familie alle Harry-Potter-Bände vorgelesen. Das hat uns allen Spaß gemacht. Heute liest er selbst gern, vor allem online. Mit fortschreitendem Alter hat er die Lust an der Ästhetik und Haptik eines echten Buches wiederentdeckt.

Welches Buch ich gerne selbst geschrieben hätte? Da ich noch nicht tot bin, wird ein solches, so Gott will, kommen. Mehr verrate ich nicht. Es wird wohl erst nach meiner Pensionierung Gestalt annehmen. Aber das »Eigene« verdankt sich all den Gedanken, die ich bis dahin aus Büchern geschenkt bekommen haben werde.

»Von allen Welten, die der Mensch erschaffen
hat, ist die der Bücher die Gewaltigste«
Heinrich Heine

38 Barbara Prainsack
Weit weg – oder auch nach Hause

In einer Zeit, in der Bücher mit ein paar Klicks bestellt oder auf E-Reader geladen werden können, könnte man leicht vergessen, dass viele Menschen früher für Bücher gereist sind. Damit meine ich nicht Autorinnen oder Autoren, die Reisen unternahmen und darüber schrieben – wie Marco Polo oder Isabella Bird. Ich meine das Reisen der Leserinnen und Leser.

Meine eigene Reise begann auf dem Hügel über einer Kleinstadt. In dem Haus, in dem ich aufwuchs, gab es zwar viele, aber dennoch niemals genug Bücher. Meine erste Liebe waren Lexika, deren detailreiche Bilder mich faszinierten; im Volksschulalter entdeckte ich aus Buchstaben bestehende Geschichten. In den Sommerferien machte ich mich jeden Tag am Morgen auf den Weg zur Stadtbücherei, in der ich das am Vortag entliehene Buch retournierte und ein neues aussuchte. Am Nachmittag saß ich im Garten und las. Warum ich meine Bücherreise nicht etwas ökonomischer gestaltete und gleich montags für die ganze Woche Bücher mitnahm (als analoges Äquivalent des *bulk downloads*), weiß ich heute nicht mehr. Vielleicht wäre mir der Bücherberg zu schwer zu tragen gewesen. Wahrscheinlicher ist es aber, dass auch der tägliche Weg den Hügel hinunter zur Bücherei und zurück ein wichtiger Teil meiner Bücherreise war: In dieser Zeit verwob ich in meinem Kopf die Geschichten aus den Büchern mit meinem eigenen Leben. Ich überlegte mir, ob ich auch so mutig gewesen wäre wie die Heldin oder der Held in der Geschichte. Ich malte mir aus, wie die Menschen in dem Land, von dem ich gerade gelesen hatte, wohl lebten. Wie sah die Schule dort aus? Hatten die Kinder dort Haustiere?

Ich weiß nicht, wie viele Menschen heute noch für Bücher reisen. Manche fahren zu Bücherfestivals. Als ich im Vereinigten Königreich lebte, sah ich regelmäßig Harry-Potter-Fans, die die »Originalschauplätze« bereisten. Und ich habe einen Freund, der Erstausgaben sammelt und manchmal sehr weit fährt, um eines besonderen Exemplars habhaft zu werden. Wenn man bei diesem Freund zu Besuch ist, kann es passieren, dass er eine Erstausgabe des Autors oder der Autorin aus dem Regal holt, über die man gerade gesprochen hat. Sonst kenne ich niemanden, der heute noch für Bücher reist. Als ich kürzlich eine Kollegin fragte, ob sie für Bücher reisende Leserinnen oder Leser kennt, sah sie von ihrer (elektronischen) Zeitungslektüre auf und antwortete: »Bücher lässt man sich liefern.«

Ich denke dann an all die Menschen, die dennoch ihre Bücher in der Buchhandlung kaufen. Vielleicht sind Buchhandlungen ein Ort der »Reise« für sie – eine Reise, ohne die Stadt zu verlassen. Für manche von uns bedeutet der Gang in die Buchhandlung eine Reise zurück in unsere Kindheit. Die Buchhandlung war der Ort, an dem man den sehnsüchtig erwarteten neuen Band der Lieblingsserie abholte oder in der man nach der Schule neue Dinge entdeckte. Eine Freundin, die sich als Kind oft einsam fühlte, erzählte mir, dass die Buchhandlung für sie einer der wenigen Orte war, an denen sie sich »richtig« fühlte, umgeben von Geschichten von Menschen, die, wie sie, in keine Norm passten. Sie fühlte sich verstanden von Leuten, mit denen sie weder Ort noch Zeit teilte. Der chilenische Schriftsteller und Aktivist Luis Sepúlveda sagte sogar einmal, dass Buchhandlungen sein Leben gerettet hätten – ohne sie hätte er die Zeit im politischen Exil nicht überlebt. Sepúlveda erlaubten Buchhandlungen eine Reise nach Hause.

39 Kiri Rakete
Ein Leben in Geschichten

Bücher bedeuten für mich, in fremde Welten einzutauchen und für einige Zeit in diesen Geschichten zu leben. Buchhandlungen sind die Pforte in diese Welt. Ich schmökere, ich lasse die harten Einbände und die weichen Seiten durch meine Hände gleiten, und ich atme den Duft von frischgedrucktem Papier ein. Ich wundere mich über diverse Covergestaltungen und verschlinge die Texte der Buchrückseiten.

Manchmal lese ich drei Bücher gleichzeitig. Eines, wenn ich unterwegs bin, eines im Urlaub und eines als Abendritual. *Owen Meany* von John Irving war fast zehn Monate lang mein Einschlafbegleiter. Wenn so eine Geschichte zu Ende geht, findet eine Art Abschied statt, und das ist dann manchmal fast ein wenig traurig, als ob eine Freundschaft enden würde.

Ein Buch, das mich fasziniert hat, ist *Nichts* von Janne Teller. Der philosophische Roman, welcher von Schulkindern handelt, die eine Geheimaktion durchführen, wurde eine Zeitlang in Dänemarks Schulen verboten – das erzeugt natürlich von vornherein einen Reiz. Eine Geschichte, die zum Nachdenken anrührt und dabei erschüttern könnte, aber eben auf besondere Art und Weise trotzdem die behutsame Schönheit des Lebens an sich zeichnet.

Etwas, das ich nicht gut kann, aber üben möchte, ist, ein Buch abzubrechen und nicht fertig zu lesen. Ich habe nämlich das Gefühl, das Buch zu betrügen und meiner Kritik nicht gerecht zu werden, wenn ich es nicht bis ans Ende gelesen habe. Aber ich möchte Zeit mit Büchern verbringen, die mich bereichern und inspirieren! Ich spreche dabei nicht von »unangenehmer« Literatur. Aber *Die Stadt der Blinden* von José Saramago hat mich verstört, ähnlich wie *Die Wolke* von Gudrun Pausewang – ich hatte sogar Albträume davon. Anscheinend liegt es an diesem apokalyptischen Thema.

In meiner Kindheit war ich jede Woche in der Bücherei und hab mir reihenweise Bücher ausgeborgt. Leider hat das irgendwann aufgehört, und ich wollte die Bücher zunehmend besitzen. Ich mach halt gerne Eselsohren rein, unterstreiche Passagen, schreibe mir anschließend Notizen in die Umschlagsseiten und borge sie gerne her.

Von E-Readern möchte ich mich nicht überzeugen lassen. Da schlepp ich lieber ein halbes Kilo Buch mit mir herum. Ich möchte es richtig angreifen können, öffnen und mit meinen Fingern über das Papier streichen.

40 Andreas Ranner
Aperitivi

Bücher haben oft etwas Kulinarisches; und damit sind nicht nur Kochbücher gemeint. Man kann sich ein Buch einverleiben oder es verschlingen. Besser ist natürlich, es zu genießen, zu verkosten, es sich auf der Zunge oder der Seele zergehen zu lassen. – Und einem feinen Mahl geht kultivierterweise oft ein Aperitif voraus. So soll es sein: kleine Appetitanreger, die Lust auf mehr machen. Und wenn es nur bei der Anregung bleibt, ist das hoffentlich auch schon Genuss!

Wie man kein Buch schreibt: Buchhandlungen sind ja Basislager für jede Art von geistigem Aus- und Höhenflug. Da werden Erfahrungen und Abenteuer ausgetauscht, da wird beraten und gefachsimpelt, da gibt es Trost und Rat, manch freundschaftliches Gespräch und offene Ohren; die Bereitschaft, Unmögliches möglich werden zu lassen und sicher auch so manche Anekdote.

»Grüß Gott! Darf ich mich vorstellen? – Ich bin der, der das Buch, das Sie suchen, nicht geschrieben hat.« Das Paar an der Kassa, das sich nach dem ungeschriebenen Schriftwerk erkundigt hat, ist nur ganz kurz irritiert … »Dann könnten Sie es ja noch schreiben! Aber beeilen Sie sich, es ist nämlich für die Großmutter. – Und die wird jetzt schon fünfundachtzig!« Zu diesem Dialog gibt es freilich eine Vorgeschichte:
Der Freund und Buchhändler des Vertrauens fragt, ob es im Rahmen der Schwerpunktwoche möglich wäre, Demenz mit Spiritualität zu verbinden und daraus einen Vortrag zu machen. Die Überlegung, ob es vielleicht in Richtung »Wird die Seele auch dement?« gehen könnte, wird mit der

unmittelbaren Verpflichtung als Referent und dem Aushang entsprechender Einladungsplakate wenige Tage später beantwortet.

Die Vorbereitungszeit ist dann wie ein gutes Buch: fesselnd, spannend, immer wieder überraschend, und am Ende gibt es einige neue Perspektiven. Der Vortrag selbst dürfte nicht wirklich schlecht gewesen sein; jedenfalls gab es keine Pfiffe. – Zwei Wochen später werde ich vom »ZachBuchHerder« angerufen: »Ö1 möchte ein Interview mit dir machen. Du sollst aber dein Buch vorher hinschicken …«

Ö1! Ein Interview! Mit mir! – Wahnsinn!

– Aber welches Buch?

Auch beim nächsten Besuch in der Wollzeile erfahre ich, dass immer wieder Kunden kommen, um mein Buch zu kaufen. »… dann könnten Sie es ja noch schreiben, aber beeilen Sie sich …« Genau das ist aber unmöglich: Ein Buch in aller Eile! Ein gutes Buch sollte sich in aller Eile weder lesen noch – und das schon gar nicht – schreiben lassen.

Hier möchte ich mir ein Zitat des heiligen Ignatius von Loyola ausborgen: »Denn nicht das Vielwissen sättigt die Seele und befriedigt sie, sondern das Verspüren und Verkosten der Dinge von innen her.«

Also bitte ich um Geduld, ich verkoste noch!!!!

(Aus dem nie geschriebenen Buch *Wird die Seele auch dement?*)

Seit Jahrhunderten wird berichtet, wie der Teufel auf der gierigen Suche nach armen Seelen nicht einmal davor zurückschreckt, sich an Kirchenbauten zu beteiligen. Man denke nur an den Nordturm des Wiener Stephansdoms und den unglücklichen Meister Buxbaum.

Manchmal gibt es aber auch überraschende Wendungen, wie in der folgenden Geschichte.

Katalanische Kirchengeschichte: Irgendwann um die Wende vom neunzehnten zum zwanzigsten Jahrhundert begegnete Antoni Gaudí mitten in Barcelona einem älteren Herrn … mit Kinderwagen. Eine solche Begegnung zu dieser Zeit hätte jeden anderen stutzig gemacht, aber der berühmte Architekt war so in Gedanken, dass ihm nichts mehr außergewöhnlich erschien.

Nämlich, klagte er, sei er seit zwanzig Jahren mit dem Bau einer großen Kirche beschäftigt. Neben all seinen anderen Gebäuden, Gärten und Kunstwerken solle dieses Gotteshaus sein Vermächtnis werden; Opus magnum quasi!

»Und?« Der Herr mit dem Kinderwagen schien interessiert Anteil zu nehmen.

»Es ist noch immer nicht fertig!«, murmelte Gaudí ein wenig trostlos.

»Ich kann dir helfen, wenn du magst. – Bleibt nur die Frage, was du dafür zu geben bereit bist.«

»Alles …, was du willst, meinetwegen auch meine Seele!«

Wenn sich eine ungewöhnliche Erscheinung an die nächste anschließt, erscheint bald alles ganz normal.

So fand Gaudí nichts Seltsames an dem Tauschhandel Seele gegen Kirchenbau … Und die Kirche wuchs und wurde höher, schöner und bewundernswerter, aber nicht fertig. Und jetzt war schon 1926. Im Juni dieses Jahres geschah es, dass ein verwahrlost wirkender alter Mann in Gedanken versunken eine Straßenbahn übersah.

Mit Menschen und Straßenbahnen verhält es sich aber ganz so wie mit dem Krug und dem Stein: Ob jetzt der Krug auf den Stein schlägt oder der Stein auf den Krug; es endet immer fatal für den Krug …

Und so wurde der bewusstlose Alte als vermeintlicher Bettler in ein Armenhospital gebracht. Es dauerte einige Tage, bis man erkannte, dass es sich bei dem Verletzten um den großen Gaudí handelte und er in eine gute Klinik transferiert wurde.

Und da war auch wieder der Herr mit dem Kinderwagen, dem der Meister bittere Vorwürfe machte. »Nicht nur, dass du dir jetzt meine Seele holst, hast du auch die Fertigstellung meines Gotteshauses verhindert! Wahrlich ein gelungener teuflischer Plan!«

»Mein lieber Antoni«, lächelte jetzt der Herr (mit dem Kinderwagen), »du hast mein Haus nach der Göttlichen Familie benannt, und du kannst mir glauben, dass eine gute Familie niemals vollendet ist.« Und mit einem liebevollen Seufzer setzte er hinzu: »Ich weiß, wovon ich rede.«

»Teuflisch wäre eine perfekte Familie; und jetzt komm zu mir in unsere himmlische Vollendung!«

Und Antoni Gaudí schloss an diesem 10. Juni 1926 versöhnt für immer seine Augen. Die Welt aber versteht jetzt, warum die »Sagrada Familia« in Barcelona gar nicht fertiggestellt werden kann …

(Aus dem nie geschriebenen Buch *Teuflische Beteiligungen am sakralen Wohnbau*)

Das Angebot an Aperitifs aus der Reihe der nie geschriebenen Bücher umfasst selbstverständlich ein weiteres Spektrum: zum Beispiel *…erziehungsweise…* (Schulgeschichten) oder *Biblische Psychotherapie für Einsteiger und Auskenner*.

41 Lena Raubaum
Besuch mit Gastgeschenken oder: Gruppen-
foto mit Ameisen

Mrs. Beestons Tierklinik, so heißt eines der liebsten Bücher meines Lebens. Wenn ich daran denke, sehe ich sofort meine ältere Schwester und mich im Pyjama auf der großen Matratze im Kinderzimmer liegend, beide lauschend, wie unsere Mutter – zwischen uns – dieses Buch vorliest. Nicht nur vorliest. Vorträgt, vorspielt, vom Lesen zum Leben erweckt.

Für alle, die das Buch noch nicht kennen: Es handelt von jener Mrs. Beeston, die eine Klinik für Tiere mit kuriosen Krankheiten führt. Da ist Chi-Chi, die Katze mit verknotetem Körper. Da ist Cuthbert, der stotternde Kuckuck. Da ist Doubleday, das zitronengelbe Entlein mit nach außen gedrehten Füßen. Da sind auch der schimpfwortaffine Papagei Percival, die zahnlose Bulldogge Bruce, der katzenverliebte Mäuserich Maurice und natürlich die Schweinedame Prudence, die sich saumäßig nach einem Ringelschwanz sehnt.

Meine Mutter sorgte durch ihre Vorlesekunst dafür, dass all diese Charaktere quasi zu uns auf Besuch kamen. Übrigens durfte *nur* meine Mutter das Buch vorlesen, niemand sonst. Mein Vater versuchte es, konnte aber nur scheitern. Dafür brillierte er als Vorleser bei anderen Büchern und glänzte als Geschichtenerzähler. Regelmäßig drehte er das Kino der Fantasie an, beschenkte uns mit Anekdoten aus seiner Kindheit oder spontan erfundenen Plots über brasilianische Rennschweine und emanzipierte Prinzessinnen.

Alles … nur nicht selbstverständlich!
Meine Begeisterung für Bücher, Geschichten und Sprachkunst wurzelt in der Kindheit. Nicht nur dank bereits be-

schriebener Vorleseszenen, sondern durch Begegnungsmomente mit Literatur, wie ich sie lange als selbstverständlich hinnahm.

Übervolle Bücherregale? Selbstverständlich.

Stundenlange Besuche in Buchhandlungen und Büchereien? Selbstverständlich.

Fragen wie »Welche Bücher wünscht ihr euch?« vor signifikanten Festtagen. Selbstverständlich.

Sätze wie »Für Bücher kann man immer Geld ausgeben.« Natürlich selbstverständlich.

Hörbücher auf Autofahrten? Aber bitte, selbstverständlich.

Theaterbesuche, bei denen wir in Mira Lobes Geschichte *Valerie und die Gute-Nacht-Schaukel* bühnenreif eintauchen konnten. Einmal geht noch: Selbstverständlich.

Dass das alles, nur *nicht* selbstverständlich war, begreift man als Mensch – mit Glück – erst später. Und ich bin dankbar dafür. Mehr als dankbar. Meinen Eltern und all jenen Menschen, die hierzu einen Beitrag geleistet haben.

Mit jedem Buch bekommst du Besuch
Diese Aussage stammt von dem von mir innig geschätzten Autor Heinz Janisch. Mir vor Augen führend, wie viel Buch-Besuch ich bereits in meinem Leben bekommen habe, verspüre ich Freudengänsehaut. Was wäre, wenn ich all jene Charaktere abbilden würde, die mir da begegnet sind. Wie groß wäre das Gruppenfoto? Ich stelle es mir vor, beginne in Kindheitstagen.

Ganz vorne sitzt das kleine Ich-bin-Ich neben der kleinen Raupe Nimmersatt, Frederick und einem kleinen Kerlchen namens Baski. Daneben stehen der Franz, die feuerrote Friederike, Emil, Pünktchen und Anton, gewiss auch Luise und Lotte (wobei man genau schauen muss, um zu erkennen, wer wer ist) und die gesamte Konferenz der Tiere. Kann jemand den kleinen Mann und die kleine Miss hochhalten, damit man sie sieht? Vielleicht Pippi? Die hält zwar schon den kleinen Onkel, aber sie ist stark. Rechts und links von ihr stehen weitere Heldinnen und Helden von Astrid Lindgren – von Lotta bis Ronja, von Mio bis Tomte Tumetott, von den Brüdern Löwenherz bis zu den Kindern von Bullerbü. Oh, da stehen auch Jan und Julia. Momo. Gulliver. Babar. Die drei Fragezeichen. Der Schellen Ursli. Die dumme Augustine. Peter, Ida und Minimum. Das Vamperl. Der kleine Prinz. Und in der Mitte grinst die Omama im Apfelbaum neben den tierischen Persönlichkeiten von Mrs. Beeston. Hinzu kommen so viele Wesenheiten aus Märchen, Mythen, Kurzgeschichten, und irgendwo krabbeln auch ein paar Ameisen herum. Wie sie heißen, weiß ich nicht mehr. Kann mich partout nicht mehr an den Titel ihrer Geschichte erinnern. Aber sie stammen aus einem Buch, das uns eine frankophile Freundin meiner Mutter geschenkt hat. Jene winzigen Wesen haben mir beigebracht, dass par example »Quelle heure est-il?« auf Französisch »Wie spät ist es?« heißt.

Das Gruppenfoto wächst und wächst, füllt ein Bundesland, ein Land, wenn ich überlege, welche Charaktere mich später als Jugendliche und erwachsene Frau besuchten. Oh, Anne! Ja, Anne Frank, dich darf man niemals nicht vergessen. Du musst bitte in die erste Reihe.

Gastgeschenke

Ich gestehe, an ein paar Buch-Besuche kann ich mich beim besten Willen nicht mehr erinnern. Manche blickten kurz zur Tür herein. Andere langweilten mich, frustrierten mich, waren rein aus Anstand oder Zufall da. Doch viele, sehr viele hinterließen und hinterlassen Spuren. Für die Ewigkeit.

Buch-Besuche, gute Buch-Besuche bringen Gastgeschenke, jeder auf seine Weise. Hier ein Stück Souveränität und Mut. Da eine Portion Zweifel und Hinterfragensfähigkeit. Manche kommen mit Fernweh, andere mit dem Gefühl von Zuhause. Die einen bewegen Lachmuskeln, andere kürzen mittels Nervenkitzel die Fingernägel. Weitere leeren Taschentuchpackungen. Der größte Teil schlägt Brücken zwischen Spannung und Entspannung, schult den Geist und überreicht eine unendliche Kraft: Vorstellungskraft. Ich glaube daran und weiß, dass es Vorstellungskraft ist, die uns lesenslänglich und lebenslänglich Rückenwind gibt. Die uns hilft, uns in andere hineinzuversetzen, die uns Selbstermächtigung, Fantasiefähigkeit und Möglichkeitsdenken schenkt und die uns in herausfordernden Zeiten den Mantel der Zuversicht anzieht. Und die uns beschützt – unvorstellbar und vorstellbar gut beschützt.

So und nun lade ich Sie ein, sich Ihr eigenes Gruppenfoto vor Augen zu führen. Wer ist darauf zu erkennen? Vielleicht auch ein paar Ameisen?

42 Andreas Redtenbacher
Lebenslange Freunde

Als Autor oder Herausgeber selbst mit dem »Büchermachen« befasst, darf ich mir auch zutrauen, zum vorliegenden Band etwas beizutragen – ich erachte dies als ehrenvolles Unterfangen.

In meinem Leben fügte es sich, dass ich – schon 1978 mit meiner theologischen Diplomarbeit bei Professor Gisbert Greshake beginnend – vom Publizieren nie wieder wegkam. Anlässlich dieser Zeilen zähle ich wieder einmal nach: die Zahl fünfzig überschritten zu haben, hat mich selbst verblüfft. Aber in die Tausende geht dann auch die Zahl jener Bücher, die ich für meine eigenen Publikationen gelesen, konsultiert, verarbeitet und zitiert habe. Bücher begleiteten mich ein Leben lang, entsprechend umfangreich ist daher auch meine eigene Hausbibliothek: Bücher dominieren meine Wohnung und sind meine teils lebenslangen Freunde geworden. Den allermeisten Bestand davon habe ich in der Herder-Buchhandlung Wien erworben.

Darunter gibt es faszinierende Bücher, auf die ich immer wieder zurückgreife, und solche, die mich nachhaltig beeinflusst, wenn nicht sogar geprägt haben. Einige ganz wenige nenne ich hier als Beispiele:

1) Schon als Gymnasiast habe ich das *Kleine Konzilskompendium* von Karl Rahner und Herbert Vorgrimler (Erstauflage 1966) mit den Texten des Zweiten Vatikanischen Konzils verschlungen: Das Konzil hat mich nie wieder losgelassen und mein ganzes Leben, Denken und Wirken in Liturgiewissenschaft und Pastoral grundlegend geprägt.

2) Fasziniert und in meiner Berufsentscheidung mitbeeinflusst hat mich die *Kleine Kirchengeschichte* von August

Franzen (bisher an die vierzig Auflagen): Hier leuchtet Kirchengeschichte in der Tat als Heilsgeschichte auf.

3) Joseph Ratzinger darf nicht fehlen. Zwar kann man über sein Pontifikat verschiedener Meinung sein – als Theologe bleibt er inspirierend. Seine *Einführung in das Christentum* (Erstauflage 1968) habe ich als junger Student erstmals, in meinem späteren Leben mindestens fünfmal gelesen. Übrigens greife ich zur Predigtvorbereitung dankbar auf sein dreibändiges Werk *Jesus von Nazareth* (2006 f.) zurück: Es gibt auch meiner »Gottesrede« sowohl Tiefe als auch eine klare Sprache, die verstanden wird.

4) *Die österreichische Seele* von Erwin Ringel (Erstauflage 1984) führte mich zur Lektüre der Originalwerke von Alfred Adler, dem Begründer der Wiener Schule der Individualpsychologie. Daraus habe ich für meine pastorale Arbeit mit den Menschen viel Hintergrundwissen geschöpft.

5) Zum wichtigen Diagnosebuch in globaler Perspektive ist mir Samuel Huntingtons *Kampf der Kulturen. Die Neugestaltung der Weltpolitik im 21. Jahrhundert* (Erstauflage 1996 als: *The Clash of Civilisations*) geworden, den ich freilich kritisch lese.

6) *Auch eine Geschichte der Philosophie* (zwei Bände, Erstauflage 2019) von Jürgen Habermas ist für mich als Theologe faszinierend, auch wenn er sich als religiös unmusikalisch bezeichnet, was offensichtlich nicht ganz stimmt.

Diese ausgewählten Lektürebeispiele haben mir »am eigenen Leib« gezeigt, dass Bücherlesen und natürlich auch Bücherschreiben doch etwas Nachhaltiges ist. Diese Nachhaltigkeit ist über moderne Internetformate und digitale Vermittlungen kaum zu erreichen. Daher meine ich: Das gedruckte Buch wird als Weise der Kulturtechnik weiterbestehen und Zukunft auch in einer zunehmend digitalen und unpersönlicher werdenden Welt haben. Daher werde auch ich weiterhin Bücher »machen«, solange es mir gegeben und in meiner Profession als Liturgiewissenschaftler aufgetragen ist: als nachhaltiger Dienst für nachdenkliche Menschen.

Die Welt des Buchs ist auch mit der Welt der Buchhandlung eng verbunden: Ich erlebe in den Buchhandlungen viel Bereicherndes und Menschliches. Ein guter Buchhändler hat mir viel an Überblick voraus, und oftmals hat er einen schärferen Blick im einschätzenden Urteil als ich selbst: Ich möchte diese Begegnungen und die Weisheit eines guten Buchhändlers nicht missen.

Bisweilen erlebt man in Buchhandlungen Nachdenkliches oder Humorvolles. Zwei Ereignisse sind mir in lebhafter Erinnerung:

In einer Wiener Innenstadtbuchhandlung, die später geschlossen wurde, stöberte ich in den gutsortierten Regalen, die dort leider eng platziert waren. Dort stöberte zugleich ein junger Mann, dessen Stöbern mir auffällig umtriebig erschien. Geschäftig zog er immer wieder Bücher heraus und replatzierte sie – aber offensichtlich nicht alle, die Enge der Regale wurde zur Versuchung. Ohne detektivischen oder geheimpolizeilichen Auftrag beobachtete ich, wie er immer wieder bei einem der Regale ums Eck bog und ein Buch nach dem anderen in einer Tasche unter dem Mantel verschwinden ließ. Ich stellte ihn, nolens volens gab er das Diebesgut der Verkaufsleiterin zurück – ich aber hatte ein wertvolles Buch mehr: Die Buchhandlung bedankte sich bei mir mit einem wertvollen Bildband über den Wiener Stephansdom.

Das zweite Erlebnis war spiritueller Art. Eben war ich neben meiner Assistententätigkeit an der Theologischen Fakultät in Wien zum jungen Pfarrer einer Gemeinde in Klosterneuburg ernannt worden. Von der Herkunft Liturgiewissenschaftler war mir selbstredend dort das gottesdienstliche Leben ein besonderes Anliegen. Die offiziellen Liturgiebücher mussten dort erst auf den aktuellen Stand gebracht werden. Ich begab mich also in die Herder-Buchhandlung auf die Suche nach einem würdigen Evangeliar. Zur selben Stunde war auch Monsignore Franz Grabenwöger, der Zeremoniär von Kardinal König, auf Büchersuche. Er erkannte mich und kam mit der Frage auf mich zu, was ich denn suche. Ich beantwortete das mit der Feststellung, ich müsse das »liturgische Niveau« meiner Gemeinde heben. Das wurde mir zum Verhängnis: Grabenwöger, zugleich Präsident des Canisiuswerkes zur Förderung geistlicher Berufe, fand: »Bei dir steht mehr dahinter« und engagierte mich postwendend für das Medienprojekt »Berufung Mensch – Beruf Gott«, das mir dann eine Menge Zeit und Arbeit abverlangte. Auch das kann in einer Buchhandlung geschehen …

43 Bernadette Reinhold
Zeitfalten

Es war die Geschichte eines Mädchens in meinem Alter – ich war noch nicht in der Schule, ein ganzes Jahr nach dem Kindergarten zu Hause –, und sie war wohl auch ein Einzelkind. Eines Tages entdeckte sie im Garten unter einem Busch einen Abgang in eine andere Welt. Es war *nicht* die sonderbare Geschichte der berühmten Alice, die ich erst viel später kennenlernte, sondern ein Bilderbuch mit vermutlich etwas Text, vor allem aber wunderbaren Illustrationen. In meiner Geschichte gab es Pferde, die hier unten lebten, die das Mädchen neugierig machten und an einen besonderen Ort führten. Doppelseitig in schwarzblaues Dunkel getaucht, war man an der Quelle eines Flusses, der in bunten Fontänen, einem Feuerwerk gleich, den höhlenartigen Raum in magischem Licht erstrahlen ließ. Dort war auch ein anderes Mädchen, der Beginn einer Freundschaft. Mehr weiß ich über den Verlauf der Geschichte nicht mehr.

Wo keine Bilder hingen, waren zu Hause Regale mit Überblickswerken zur Kunst- und Kulturgeschichte, zu Philosophie, Religions- und Naturwissenschaften, Gesamtausgaben der klassischen bildungsbürgerlichen Literatur, Biografien von Augustus bis Zemlinsky, Opern-, Theater- und Reiseführer, zahllose Wörterbücher und vor allem Ausstellungskataloge. Dazwischen, fast versteckt, befand sich Fachliteratur meines Vaters. 1906 in Wien geboren, hatte er an der Universität für Bodenkultur studiert, sich mit Pflanzenzucht befasst. Seine große Leidenschaft waren aber die Mathematik und im späten Berufsleben die Anfänge der Computertechnologie. Einige seiner Bücher und allerlei Rechengeräte besitze ich noch, hebe sie auf wie Objekte, die Botschaften einer fremden Welt in sich eingeschlossen haben. Seine Geldbörse, darin ein Zettel mit irgendwelchen Formeln, Tabakkrümel, ein steinharter, winziger Radiergummi und ein Röhrchen mit Zirkelminen, erscheint mir wie sein Kryptoporträt.

Ich selbst hatte auch eine eigene kleine Bibliothek, als Kind der Siebzigerjahre natürlich viele Pixi-Bücher, die später meine Kinder liebten. Als meine Mutter vor drei Jahren starb, haben wir in meinem alten Kinderzimmer drei, vier Dutzend Laufmeter in Schachteln verstaut. Meine Bücher waren ein kleiner Teil davon, diejenigen, die ich nach der Matura von Linz nicht nach Wien mitgenommen hatte. Darunter einige Kinderbücher, mit denen ich heute wenig anfangen kann. Meine Mutter war stets sehr großzügig, auch beim Verleihen von Büchern, sodass – abgesehen von meinem sakrosankten Kästner-Bestand – vieles Wichtige fehlt. Auch das Buch mit der Geschichte des Mädchens, meinem kindlichen Alter Ego, ist verschwunden. Etliche Kinderbücher habe ich mir später nachgekauft, auch solche, die ich in der Schulbibliothek, in der Bücherei immer wieder ausgeborgt hatte. Mira Lobes *Omama im Apfelbaum* ist so ein Fall. Die verrückte Omama fand ich als Kind grandios, als Erwachsene hat mich irritiert, dass ich den Eskapismus des kleinen Andi, der sich all diese Geschichten ausdachte, ausgeblendet hatte. Susi Weigels Bilder dazu, wie auch vom *Kleinen Ich-bin-ich,* liebe ich nach wie vor. Sie hat in den 1930er Jahren an der Wiener Angewandten studiert. Erst kürzlich habe ich über sie und ihre Studienkollegen aus der Malereiklasse des 1938 entlassenen Wilhelm Müller-Hoffmann gelesen.

Viele Kinder lebten in unserer Siedlung, manche wuchsen bei ihren Großeltern auf, in der »Führersiedlung«, wie die älteren Leute sie noch nannten. In kleinen Horden zogen wir durch die begrünten Höfe, die angrenzenden Wiesen und Kukuruzfelder. Oft waren Kinder bei mir zu Besuch. Die

Wohnung war groß, ideal zum Versteckspielen, und einmal wurde aus Büchern ein kleines Haus gebaut, wobei sich die kleineren Hardcoverformate zum Wandbau besser eigneten. Ich erinnere mich, gerne allein im Speisezimmer (wir nannten es »Herrenzimmer«) gewesen zu sein, am Boden neben dem Tisch zu sitzen und aus der dunklen, bis zur Decke reichenden Bücherwand etwas herauszuziehen, was mich durch den Buchrücken, den Titel oder auch nur das Format – übergroß oder auffallend klein – neugierig gemacht hatte.

Als Teenager habe ich aus der elterlichen Bibliothek Zola, Feuchtwanger, Büchner, Heine oder Trakl in vergilbten Ausgaben der Sechzigerjahre gelesen. Letzterer spielte eine große Rolle für meine Mutter, eine Künstlerin, die ihm einen eigenen Zyklus an Pastellbildern gewidmet hat. Bücher von Bernhard, Handke, Jelinek und anderes kamen laufend dazu. Man war an aktueller Literatur interessiert, aber es war kein Schwerpunkt. Es gab einige Hesse-Bücher, doch ich mochte ihn nie, auch wenn er Schullektüre war. Stifter war auch Pflicht. Lange schon nehme ich mir vor, es bald wieder einmal mit seinen Texten zu versuchen (auch mit Bruckners Musik). Klassische linke Literatur, explizit Politisches, fehlte völlig. Widerstand war also vorprogrammiert.

Ich lese viel, leider fast nur Fachliteratur. Bibliotheken sind wichtige Orte für mich; ich liebe es, in Freihandaufstellungen Zufallsfunde zu machen, neben oder außerhalb meiner sogenannten Kompetenzen, Neues zu erfahren (darum ist auch Radiohören und altmodisches Zeitunglesen sehr wichtig für mich). Doch meistens fehlt mir die Zeit, nehme ich sie mir nicht und komme nur, um bestellte Bücher abzuholen. Bücher zu besitzen, wenn auch nur als Leihgabe, gibt mir die kleine Freiheit, selbst zu entscheiden, wo und wann ich lesen kann. Auch in meine Buchhandlung komme ich meist nur anlassbezogen: eine Bestellung, das Besorgen von

Geburtstags- oder Weihnachtsgeschenken, ein bevorstehender Urlaub. Mein selbstgeschnürtes Zeitkorsett legt sich dann in kleine Falten, ich darf, ich *muss* mich umsehen, stöbern, entdecken. Und es gibt die wunderbaren Buchhändlerinnen und Buchhändler. Ich schätze ihre Empfehlungen sehr, bitte sie aktiv darum, bei der Belletristik ebenso wie in der Kinderabteilung. Es ist für kurze Zeit so, wie es in der Kindheit war: neugierig ein Buch aus dem Regal ziehen und lesen.

44 Jan-Uwe Rogge
Tränen, Trost und großmütterliche Weisheiten

Noch heute sehe ich mich in der dunklen, kleinen Bibliothek in der Volksschule stehen. Ich muss acht oder neun Jahre alt gewesen sein und stand vor einem unendlich großen Regal mit unzähligen Kinderbüchern. Zielsicher fand ich mein Buch. Die Signatur kannte ich auswendig. Und auf dem Weg zu einem Stuhl in der Ecke suchte ich nach »der« Stelle. Ich setzte mich, las ein paar Zeilen – und schon kullerten die Tränen über die Wangen, ich las die Stelle nochmals und nochmals. Der Tränenstrom wurde heftiger.

Bis die Tür aufgerissen wurde, ein Lehrer überlebensgroß vor mir stand und mich mit den Worten fortzog: »Sag mal, spinnst du? Es ist Unterricht. Du sitzt hier und weinst. Bist du krank?« Er entriss mir das Buch, blätterte kurz darin herum, schüttelte den Kopf: »Wegen so einem Mist heult man doch nicht.« Ich fühlte mich weder krank, noch hatte ich »Mist« gelesen. Es war eine herrlich rührselige Geschichte, deren Titel ich längst vergessen habe.

Nur die Handlung und eine Sequenz bleiben unauslöschlich. Alles spielte in einer fernen mongolischen Wüste. Ein Junge, zehn Jahre alt, bekam von seinen Eltern den Auftrag, mit dem Pferd in eine ferne Stadt zu reiten, um lebenswichtige Dinge zu holen. Es wurde eine Entdeckungs- und Abenteuerreise, die der Junge nur dank seines treuen Pferdes überlebte – bis eines Tages das Pferd in eine Schlucht stürzte und jämmerlich verendete. Der Junge weinte – und ich noch mehr. Trotzdem lieh ich mir das Buch immer wieder aus. Wenn ich Zeit hatte, las ich es ganz, wenn nicht, nur »die« Stelle. Und manchmal, wenn mir beim Lesen alles zu unheimlich wurde, ich die Spannung nicht aushielt, blätterte ich zuerst bis zum Schluss, und der gab mir Sicherheit, stand dort doch schwarz auf weiß, dass der Junge ein neues Pferd geschenkt bekam, ein genauso treues, mutiges und starkes, das ihm den Weg nach Hause wies.

Lange war ich fasziniert von diesem Buch – bis mich irgendwann die Todesszene fast kalt ließ, es kein Herzklopfen, keine Unsicherheit, keine feuchten Hände mehr gab. Wie der Junge im Buch, so hatte ich offensichtlich meinen Weg gefunden.

Und dann, etwas später, zwei Jahre vielleicht. Ich las schon mit neun Jahren die Tageszeitung, und zwar las ich sie meinen Urgroßeltern vor, die nicht mehr so gut sehen konnten. Einmal entdeckte ich die Meldung, dass eine Sekte für den 30. Juni um 13 Uhr den Weltuntergang vorhersagte. Sie bereiteten, so stand da zu lesen, sich durch intensive Gebete darauf vor. Ich stockte kurz mit dem Lesen und fragte meine Urgroßmutter. Sie schüttelte den Kopf und antwortete mir in breitem Plattdeutsch: »Min Jung, so'n Schiet givt dat nich. Dat is aln's Tünkram.« Das war ja lieb gemeint, beruhigt hat es mich nicht, obgleich ich meine Urgroßmutter für eine weise Frau hielt. Ich habe die Meldung danach immer und immer wieder gelesen, mir ausgemalt, wie das wohl mit dem Weltuntergang sei.

Alle, die ich fragte, reagierten genauso wie meine Uroma. Der 30. Juni näherte sich, ich war traurig, dass mein Vater auf Reisen war. Wenn ich schon sterben musste, so dachte ich mir, wäre es schön, alle meine Verwandten um mich zu haben. Ich wusste, meine Mutter und mein Bruder waren im Haus. »Wenigstens zwei«, dachte ich mir, »die da sind, dann bin ich nicht allein, wenn ich sterbe.« Die Kirchturmuhr schlug, kein Donner, kein Blitz, kein Unwetter, kein Erdbeben, rein gar nichts passierte. Meine Urgroßmutter kam in den Garten:

»Na, wat hev ik di segt, min Jung, din olle Grotmoda wet Be-
sched.« Ich kletterte vom Baum und meinte ganz ernst: »Aber
es hätte doch sein können, dass die Welt untergeht.« Meine
Großmutter: »So fix geit dat nich.« – »Aber es hätte doch sein
können«, insistierte ich. Sie drehte sich um und ging, und ich
war fest davon überzeugt, dass es doch hätte sein können –
nur diesmal war es eben nicht passiert. Noch tagelang gingen
mir schaurig-schöne Weltuntergangsbilder durch den Kopf.
Schaurig, weil alles dunkel, zerstört, ungeheuer und hässlich
war – und schön, weil ich die Urgroßmutter bei mir wusste,
die Rat auch in unausweichlichen Situationen wusste.

45 Renata Schmidtkunz
Schatztruhen

Bücher sind Schatztruhen – meistens. Ich öffne sie mit der Erwartung, in ihnen eine Geschichte zu finden, die mich berührt oder die mich etwas lehrt. Bücher sind Orte der intimen Begegnung mit einer Autorin, einem Autor. Diese sind so großzügig und freundlich, ihr Wissen oder ihre Vorstellungskraft, ihre Gabe, Menschheitserfahrungen verdichtet wiederzugeben, mit mir zu teilen, mich daran Anteil nehmen zu lassen. So komme ich zu sensitiven Erlebnissen, Einsichten oder Ideen, die ich ohne Bücher nicht haben würde.

Buchhandlungen sind Orte, an denen man, wenn man sie betritt, aus der Welt des Alltags aus- und in die Welt der Gedanken und Ideen eintritt. Es sind Orte der Verzauberung, mit eigenem Geruch und einer fast religiösen Konzentriertheit. Hier arbeiten Menschen, die das, was sie verkaufen, ernst nehmen und schätzen. Und daher auch mich, die ich auf der Suche nach einer Schatztruhe (siehe oben) bin, ernst nehmen und wertschätzen. Viele der Bücher, die sie verkaufen, haben sie selbst gelesen. Im Falle der Buchhandlung Herder in der Wollzeile 33 in Wien, die sich früh als meine Lieblingsbuchhandlung herausstellte, führt diese gegenseitige Ernstnahme und Wertschätzung zu interessierten persönlichen Gesprächen und – vor allem – einer einmaligen Beratung. Dadurch entsteht ein Gefühl der Zusammengehörigkeit zu jener Gruppe von Lesenden, die Bücher nicht online bei Amazon bestellt. Der Besuch der Buchhandlung wird zum politischen Statement. In der Buchhandlung persönlich, im besten Falle sogar mit dem Namen angesprochen zu werden, ist ein In-Beziehung-Treten, das mich dann auch beim Lesen des Buchs begleitet. Ich nehme den Schatz aus den Händen eines anderen Lesenden entgegen. Das steigert für mich den Wert des Buches.

Das erste Buch, das mich geprägt hat, war die *Kinderbibel*. Das zweite *Der Räuber Hotzenplotz*, das dritte *Mein Esel Benjamin* und das vierte das *Losungsbüchlein* meiner Eltern, aus dem uns morgens und zum Mittagessen die biblische Losung des Tages vorgelesen wurde. Später las ich – wie viele Jugendliche meines Alters – Hermann Hesse: *Siddhartha* und *Steppenwolf*. Ich versichere Sie, dass ich nichts verstanden habe. Eines meiner Lieblingsbücher in meiner Jugend war *Licht* von Christoph Meckel, ein Buch, das 1978 erschien und von der Fremdheit zweier Liebender erzählt. Ich war erst vierzehn Jahre alt und frage mit heute, warum dieses Buch so einen Eindruck auf mich gemacht hat. Ebenso beeindruckend war Stefan Heyms Legende vom Ewigen Juden: *Ahasver*, erschienen 1981 im Westen und 1988 im Osten. Dann kamen all die feministischen und linken politischen Bücher. Sie standen einer Studentin der evangelischen Theologie gut zu Gesicht. Ebenso Christa Wolfs *Kassandra* und Marlen Haushofers *Die Wand*.

Es sind so viele Bücher, die mir viel bedeutet haben. Ich kann sie nicht aufzählen, und einige erinnere ich auch nicht mehr.

Jene Bücher, die ich verschlang und wieder von vorne anfing, wenn ich die letzte Zeile gelesen hatte, erinnere ich aber doch. Und es waren nicht immer jene, die wir der »Hochkultur« zurechnen. In meinem Fall zum Beispiel *Der Medicus* von Noah Gordon. Es war Ruth Klüger, die mir diese Unterscheidung in triviale und ernsthafte Literatur radikal abgewöhnt hat. Es war übrigens ihr Buch *weiter leben. Eine Jugend*, das mich sehr viele Jahre beschäftigt hat und das ich immer wieder im Handumdrehen schaffen würde. Und es war Ruth Klüger, die mir *Die Insel unterm Meer* von Isabel

Allende als Abendlektüre auf mein Gästebett in ihrem Haus in Irvine/Kalifornien gelegt und mir später Herta Müllers *Atemschaukel* in die Hand gedrückt hat. Und so weiter, und so weiter.

Drei Bücher, die ich auf die Insel mitnehmen würde: Es müssen leider fünf sein:

Colin Crouch, *Die bezifferte Welt. Wie die Logik der Finanzmärkte das Wissen bedroht*, Suhrkamp 2015

Arundhati Roy, *Das Ministerium des äußersten Glücks*, Fischer 2017

Rosa Luxemburg, *Briefe aus dem Gefängnis*, Nikol 2010

Dorothee Sölle, *Mystik und Widerstand. »Du stilles Geschrei«*, Hoffmann und Campe 1997

Und unbedingt: Leo Tolstoi, *Anna Karenina*, Hanser 2009.

Welches Buch hätte ich gerne selbst geschrieben? In der Tat: *Anna Karenina*. Ich weiß, ich bin unbescheiden. Gerhard Zach habe ich vieles zu verdanken: Inspirationen, die manchmal zu etwas geführt haben – und manchmal auch nicht. So zum Beispiel im Fall des Philosophen Kurt Flasch. Sein Buch *Warum ich kein Christ bin* aus dem Jahr 2013 habe ich verschlungen und Herrn Zach gebeten, ihn – den emeritierten Professor der Philosophie an der Ruhr-Universität Bochum – von mir zu grüßen, wenn er wieder einmal der Buchhandlung Herder in der Wollzeile 33 im ersten Wiener Gemeindebezirk einen Besuch abstatte. Ich hätte ihn zu gerne in eine meiner Sendungen eingeladen. Aber vielleicht kommt das ja noch.

46 Christoph Kardinal Schönborn
Ein ganz persönliches »Jesus-Buch«

Dass Papst Benedikt XVI. über Jesus schreibt, war nicht verwunderlich, es war Kern seiner Aufgabe. Überraschend ist vielmehr, wie er es tat. Nicht Benedikt XVI. steht an erster Stelle auf dem »Cover« des Buches *Jesus von Nazareth*, sondern schlicht »Joseph Ratzinger«. Erst an zweiter Stelle steht der Name, den er am 19. April 2005 nach der Wahl zum Papst gewählt hat: Benedikt XVI. Nicht der Papst, auch nicht der vormalige Kardinal, der Bischof, der Professor, der Priester, sondern der einfache Gläubige, der Christ Joseph Ratzinger, schrieb hier. Damit das von Anfang an klar ist, beschließt er das Vorwort seines Buches mit dem schlichten Hinweis: »Gewiss brauche ich nicht eigens zu sagen, dass dieses Buch in keiner Weise ein lehramtlicher Akt ist, sondern einzig Ausdruck meines persönlichen Suchens nach dem Angesicht des Herrn (vgl. Ps 27,8)« (S. 22).

Ein ganz persönliches »Jesus-Buch« also. Gleich zu Beginn sagt der Autor, er sei zu diesem Buch »lange innerlich unterwegs gewesen« (S. 10). Der Mensch und Christ Joseph Ratzinger war aber Papst. Gelesen wird das Buch als das Jesus-Buch eines Papstes. Und warum auch nicht? Er war ja nicht nur der oberste Funktionär einer weltweit agierenden multinationalen Organisation, sondern der Nachfolger dessen, den Jesus gefragt hat: »Simon, ... liebst du mich?« (Joh 21,15). Warum sollte es nicht gerade der Papst sein, der besonders berufen ist, über seinen Meister, Lehrer und Herrn zu sprechen? Ist nicht er, mehr als alle, der, den die Freundschaft mit Christus erfüllen soll? Wie wir sehen werden ist hier wohl auch der Gravitationspunkt, die innere Mitte seines Jesus-Buches. Er nennt es »die innere Freundschaft mit Jesus« und sagt, dass »doch alles (auf sie) ankommt« (S. 11).

Deshalb begibt sich der Papst auf die Agora, den Platz der öffentlichen Debatte. Auf dem Areopag (vgl. Apg 17,22) der heutigen Meinungsvielfalt trägt er seine Sicht von Jesus vor. »Es steht daher jedermann frei, mir zu widersprechen. Ich bitte die Leserinnen und Leser nur um jenen Vorschuss an Sympathie, ohne den es kein Verstehen gibt« (S. 22).

An Widerspruch fehlt es wirklich nicht. Auf allen Linien, von Anfang an, ist Jesus »ein Zeichen, dem widersprochen wird« (Lk 2,34). Weiß man wirklich Sicheres über den Mann aus Galiläa? Auf dem Marktplatz der medialen Öffentlichkeit werden pausenlos angeblich neue »Enthüllungen« feilgeboten, die eine ganz andere Geschichte des Jesus von Nazareth offenbaren sollen. Seine Gestalt schien sich immer wieder wie ein Schemen im Diffusen aufzulösen, wie eine »undeutlich gewordene Ikone« (S. 11).

Wenn es doch gelingt, die historische Glaubwürdigkeit der Evangelien und ihres Jesus-Bildes nachzuweisen? Dass dies möglich ist, davon ist unser Autor überzeugt. Er kennt die »historisch-kritische« Methode der Bibelauslegung. Und wenn er ihr gegenüber kritisch ist, so nicht aus Angst, sondern aus der begründeten und durchargumentierten Überzeugung, dass sie ihre Grenzen anerkennen muss: »Ich hoffe«, so schreibt er, »dass den Lesern deutlich wird, dass dieses Buch nicht gegen die moderne Exegese geschrieben ist, sondern in großer Dankbarkeit für das viele, das sie uns geschenkt hat und schenkt.«

Auf der Basis des Vertrauens in die historische Zuverlässigkeit der Evangelien und ihres Jesusbildes stellt sich freilich eine viel radikalere Frage, die die eigentliche Mitte der Diskussion um Jesus betrifft. Wenn Jesus so war, wie ihn die Evangelien darstellen, ist er dann als Gestalt glaubwürdig? Ist sein Selbstverständnis, wie es uns zuverlässig in den Evangelien begegnet, nicht eine maßlose Selbstüberschätzung, eine anmaßende Überhebung?

Von Anfang an waren es »die Einfachen«, die spürten: Hier spricht einer, der keine Schulweisheiten von sich gibt. »Noch nie hat ein Mensch so gesprochen wie dieser«, sagen sie den Gelehrten in Jerusalem (vgl. Joh 7,46). »Die Lehre Jesu kommt nicht aus menschlichem Lernen, welcher Art auch immer. Sie kommt aus der unmittelbaren Berührung mit dem Vater, aus dem Dialog von ›Gesicht zu Gesicht‹. Sie ist Sohneswort. Ohne diesen inneren Grund wäre sie Vermessenheit« (S. 31 f.).

Von der Agora zur Nachfolge: »Der Jünger, der mit Jesus mitgeht, wird so mit ihm in die Gottesgemeinschaft hineingezogen« (S. 33). Der Autor dieses Jesus-Buches ist ohne Zweifel einer, den Jesus in seine Gottesgemeinschaft hineingezogen hat. Mit einer strahlenden Intelligenz begabt, einer »weit aufgetanen Vernunft« (S. 214), bringt er hier die Ernte eines langen Weges mit Jesus Christus ein.

Es mag als Tragik gesehen werden, dass diesem zweifellos zu den bedeutendsten Theologen der letzten Jahrzehnte Zählenden die Last des kirchlichen Amtes auferlegt wurde. Doch Gottes Wege sind nicht unsere Wege. Wer das Œuvre Joseph Ratzingers, des Bischofs, Kardinals und von Papst Benedikt XVI. zu überblicken versucht, wird voll tiefer Bewunderung feststellen, wie immens fruchtbar diese Jahre seines Hirtenamtes gerade auch in theologischer Hinsicht waren.

Sein schlichter Wunsch gilt nicht primär den Debatten, auch wenn er weiß, dass Widerspruch nicht ausbleiben wird. Er will nur eines: »dass lebendige Beziehung zu ihm wachsen kann«, zu Jesus von Nazareth (S. 23).

Dieser Text basiert auf der Präsentation des Buches »Jesus von Nazareth« von Joseph Ratzinger / Benedikt XVI. in der Synodenaula im Vatikan am 13. April 2007 durch Kardinal Schönborn.

47 Gustav Schörghofer
Hinter den Buchstaben ist es weiß

Die meisten stehen aufrecht. Manche liegen. Alle wenden mir den Rücken zu. Kein Blatt lässt sich zwischen sie schieben, so dicht stehen sie aneinandergedrängt. Manche der Rücken sind weiß, andere farbig, alle mit Namen und einem kurzen Hinweis, was sich hinter dem Rücken zwischen zwei Deckeln verbirgt. Manchmal sind es nur zwei Blätter stärkeren Papiers, die wie eine Haut dem Körper der Blätter aufliegen. Der Körper ist aus Papier, ein Stapel Papier. Das Papier ist meistens weiß, selten gefärbt. Ich stelle es mir weiß vor. Es war ursprünglich reinweiß. Doch ich entdecke, dass es aus irgendeinem Grund beschrieben ist. Fast alle Seiten dieses Körpers sind beschrieben. Die Buchstaben und Wörter legen sich über das Weiß. Warum wird das Papier nicht weiß gelassen?

Schönheit und Geheimnis eines Buches sind im Weiß des leeren Blatts Papier verborgen. Hinter den Buchstaben ist es weiß. Was geschrieben wird, tritt entweder aus der Stille dieses Weiß oder ist nur leeres Gerede. Es gibt zu viele Wörter und nur wenig Worte. Ein Wort kommt aus der Tiefe des Schweigens. In ihm teilt sich jemand einem anderen Menschen mit, er teilt mit ihm oder mit ihr das eigene Leben. Ein Wort ist daher wie ein Bissen Brot, geteilt zwischen Hungernden. Es ist in die Wüste des Weiß gesetzt und lässt die Stille erblühen. Ein Wort kommt aus dem Nichts.

Selbstverständlich hat alles, was geschrieben wird, auch seine Voraussetzungen. Es gibt Vorbilder, Einflüsse, Voraussetzungen. Alles das lässt sich nachweisen, und vieles kann erklärt werden aufgrund von bereits Vorhandenem. Was geschrieben und gedacht und gebildet wurde, entsteht aus bereits vorher Geschriebenem, Gedachtem, Gebildetem.

Doch dann gibt es das Neue, das, was keine Voraussetzung hat, das nicht erklärbar ist als das Ergebnis des ohnedies schon Vorhandenen. Es gibt das Neue, das nicht verständlich ist als Reaktion auf Gegebenes. Ich suche dieses Neue. In Büchern ist es zu finden. Es ist daran zu erkennen, dass es das Weiß nicht verbirgt, sondern sichtbar macht. Das Neue zeigt die Leere, der es entstammt. Es zeigt die Stille, aus der es hervorgegangen ist. Ein Gedicht von Christine Busta:

Entdeckung
Sag:
Grasnarbe.
Sag es langsam
Du sprichst
ein vollkommenes
Gedicht.

Solche Entdeckungen lassen sich viele machen. Sie sind ganz wunderbar in den Büchern von Giuseppe Ungaretti zu finden. Oder in der gegenwärtigen Dichtung, wie im neuen Gedichtband von Roberta Dapunt, wo in einem der Gedichte ein Wunsch geäußert wird:

e che i libri. I libri piú adulati diventino scritture rare,
dalla loro carta il profumo unico della compassione.
und dass die Bücher. Die in den Himmel gelobten Bücher
mögen rare Schriften werden,
von deren Papier allein der Duft des Mitleids hochsteigt.

Das Papier hat einen Duft. Manchmal wird er vom Duft des Gedruckten ganz in den Hintergrund gedrängt. Doch wenn das Gedruckte zurückhaltend bleibt, ist der feine Geruch des Papiers wahrzunehmen. Alte Bücher haben ihren ganz eigenen Geruch. Ich liebe auch den Geruch des Gedruckten.

Seiten mit wenigen Worten können wunderschön sein. In den Büchern von Ingeborg Strobl sind sie zu finden. Da ist dann alleinstehend auf einer Seite zu lesen: Und das Wesentliche scheint flüchtig. Auf einer anderen: Milch fließt. Ingeborg Strobl hat auch einen *Photo Roman* verfasst, in dem Bilder und Worte einen geheimnisvollen Dialog führen.

Aber am allermeisten liebe ich das Weiß der Bücher. Claudia Märzendorfer hat ein umfangreiches Archiv von Büchern geschaffen. Sie sind alle weiß und enthalten ausschließlich weiße Blätter. Eine wunderbare Stille geht von ihnen aus. Diese Stille wünsche ich mir in den Büchern. Diese Stille suche ich in ihnen. Eine Stille, die dem geschriebenen und gesprochenen Wort sein Gewicht gibt. Die ihm Tiefe schenkt und Weite. Es gibt Bücher, in denen sich diese Stille entfaltet. Und es gibt Bücher, die sie verdrängen wollen. Diesen Büchern ist kein langes Leben beschieden. Denn die Stille siegt. Es lebe das Buch!

48 Alois Schwarz
Beziehungserweiterung durch Bücher

In einer Zeit, in der die digitale Welt uns Menschen fest im Griff hält und mit ihrer Informationsflut sowohl die gedruckten Formen der täglichen Berichterstattungen in den Zeitungen als auch die Bücher zurückdrängt, stellt sich die Frage, wozu dann Bücher überhaupt noch gebraucht werden. Viele Argumente, wie Ressourcenverschwendung, unmodern, wirtschaftlich unrentabel und dergleichen werden im Zusammenhang mit dem Druck eines Buchs diskutiert. Und dennoch werden sie gedruckt, die unzähligen Bücher – täglich und weltweit.

Mit meinen Gedanken möchte ich Antworten suchen, warum es für mich immer wieder bedeutsam ist, sich einem Buch zu widmen.

Bücher eröffnen mir verschiedene Lebenswelten und führen in Lebensgeschichten ein, die Haltungen zu bestimmten Themen einordnen, Wissen vermitteln, aber auch Denk- und Sprachhilfen auslösen können. Sobald ich ein Buch in die Hand nehme, betrete ich damit einen noch nie dagewesenen einzigartigen Raum, in dem ich zugleich auch mit dem Autor, der Autorin eine Beziehung aufnehme. Wenn ich ein Buch aus dem Internet bestellen würde, dann fiele dieser erste Moment, das Hineinlesen und Durchblättern, vor allem aber das In-die-Hand-Nehmen des Buchs weg.

Buchhandlungen sind für mich deshalb Orte, an denen dies ermöglicht wird. Es werden zudem Lebensfragen diskutiert, und die Buchhändler und Buchhändlerinnen verweisen auf die neueste Literatur und geben Anregungen zu zeitaktuellen Fragestellungen. Es wird also einerseits mit dem Händler, der Händlerin und andererseits auch mit dem Inhalt des Buches eine Beziehung aufgenommen werden. Beim Buchversand über digitale Medien fallen der Dialog und der Austausch über neueste Publikationen weg. Gerade in der Buchhandlung Herder in der Wollzeile in Wien gab und gibt es immer wieder auch Buchvorstellungen und Gespräche mit Autorinnen und Autoren. So lernt man Literaten persönlich kennen, kann Hintergrundwissen erfragen und das Geschriebene besser einordnen.

Das für mich prägendste Buch ist zweifelsohne die Bibel, und deshalb interessieren mich Einführungen, Erklärungen und Deutungen der biblischen Geschichten. Die exegetische Literatur gehört zu meinem ausführlichsten Bücherbestand. Weiters interessieren mich die Literatur der christlich-spirituellen Autorinnen und Autoren und die Prosatexte zeitgenössischer Dichtkunst. Ich gehöre noch zu einer Generation, bei der das Lesen eines Buchs nicht selbstverständlich war. Es gehörte zu jenen Gegenständen, die man sich schlichtweg nicht leisten konnte. Mein erstes prägendes Buch, an das ich mich sehr intensiv erinnere, fiel mir deshalb erst viel später in die Hände, das Schott-Messbuch mit einer Vielzahl an Texten der Liturgie. Davon ging für mich eine einzigartige Faszination aus, die mich, neben der Bibel, bis heute geprägt hat und immer noch berührt und beschäftigt.

Ich lese, um am Zeitgespräch pastoraler Entwicklungen teilnehmen zu können und um mich theologisch und christlich-spirituell auch wissenschaftlich zu vertiefen. Außerdem lese ich vor allem dann, wenn ich meine Predigten vorbereite. Dazu dienen mir exegetische Bücher sowie die moderne Literatur der Spiritualität und/oder der Prosa.

Das Lesen eines Buchs ist für mich das Knüpfen einer neuen Beziehung. Sobald ich das Buch in Händen halte, beginnt es mit mir zu sprechen. Die Gedankenwelt der Schreiberin oder des Schreibers betritt durch ihre bzw. seine

Ideen meine eigene Gedankenwelt. Es entsteht so etwas wie ein Dialog. Die Bücher, die ich lese, kann ich auch nicht in einem durchlesen. Immer wieder muss ich bei einem Gedanken verweilen und überlege, was die Aussage des Textes mit meinem persönlichen Leben zu tun hat. Manchmal ist es aber auch so, dass es mich fasziniert, wenn Menschen eine Welt beschreiben, von der ich bislang nicht einmal erahnen konnte, dass es so etwas geben kann. Ich halte es da mit der Idee von Hartmut Rosa, dass es Dinge gibt, mit denen man in Resonanz kommen kann. Von denen man ergriffen ist und diese Ergriffenheit in einem Du zum Ausdruck gebracht wird. (Hartmut Rosa: *Resonanz. Eine Soziologie der Weltbeziehung.*)

Es gibt Bücher, wie beispielsweise die großer Philosophen wie Peter Sloterdijk, Peter Strasser, Konrad Paul Liessmann oder auch Soziologen wie Niklas Luhmann, Charles Taylor oder Hartmut Rosa, die sehr viel Konzentration und Hintergrundwissen erfordern. Hin und wieder stelle ich mich dieser herausfordernden Literatur, weil sie in den unterschiedlichen Phasen meines Lebens – ähnlich wie die Heilige Schrift – einen neuen Aspekt für mich beinhalten. Das sind keine Bücher, die man oberflächlich streift, sondern bei denen es manchmal eine Form der Gedankenakrobatik und ein vernetztes Denken braucht, um erahnen zu können, was mit den unterschiedlichen Aussagen gemeint sein könnte.

Es gibt Texte in Büchern, und da spreche ich vor allem von vermeintlich christlich-spirituellen Büchern, die mit erstaunlicher Banalität vorgeben, die Welt und vor allem die Kirche erklären zu können. Für mich ist es ein Zeichen eines schlechten Buchs, wenn darin bestehende Ordnungssysteme und Ausrichtungen verändert werden wollen, in denen der Autor meint, mit seinen Aussagen der Weisheit letzter Schluss sein zu können.

Dies geschieht dann, wenn die Meinungsbildung in oberflächlichen, polemischen Phrasen Stimmungen verursacht, die dann zu Entwicklungen führen, in denen tiefere Zusammenhänge nicht erschlossen werden, sondern durch diese Ausführungen die Leserinnen und Leser auf Wege führen, auf denen sie in eine gedankliche Unübersichtlichkeit hineinrutschen und darin keine Ermutigung und sinnstiftende Wegbegleitung mehr finden können.

Drei Bücher, die ich auf eine einsame Insel mitnehmen würde, wären die Bibel, die *Weisung der Väter* (Apophthegmata Patrum) und die *Gesammelten Gedichte* von Hilde Domin.

Das Buch von Hartmut Rosa, *Resonanz. Eine Soziologie der Weltbeziehungen*, hätte ich gerne selbst geschrieben.

»Es kommt darauf an, einem Buch im richtigen Augenblick zu begegnen.«
Hans Derendinger

49 Danielle Spera
Über Bücher

Was mir Bücher bedeuten? Unendlich viel. Seit meiner frühesten Jugend habe ich immer gern gelesen, nein, eigentlich Bücher verschlungen. Selten habe ich ein Buch, ohne es fertig zu lesen, beiseitegelegt. Wichtig war und ist für mich eine gute Auswahl, daher bin ich froh, dass es (noch) viele Buchhandlungen gibt.

Gute Buchhandlungen sind mir wichtig, vor allem jene, in denen ich Menschen begegne, denen ihre Arbeit mit Büchern Freude bereitet und die sich dem Thema genauso leidenschaftlich widmen wie ich. Oft habe ich in meinen Lieblingsbuchgeschäften nach Empfehlungen gefragt, und es wurde immer ins Schwarze getroffen. Öfter wurde ich eingeladen, in Buchhandlungen zu lesen. Zunächst, als meine Kinder noch klein waren, durfte ich Kinderbücher vorlesen, heute darf ich meine eigenen Bücher präsentieren und dem Publikum aus ihnen vorlesen. Es gibt große Ketten, in denen man manchmal außer den Menschen an der Kassa kaum mehr Mitarbeiterinnen oder Mitarbeiter vorfindet. Das ist vielleicht die Zukunft, aber ich hoffe doch, dass es weiterhin passionierte Buchhändlerinnen und -händler geben wird.

Ein Buch, das mir besonders wichtig ist, stammt von Amos Oz und trägt den Titel *Eine Geschichte von Liebe und Finsternis*. Dieses Buch erzählt nicht nur die Geschichte der Familie des Autors, die vor Pogromen aus Europa nach Palästina geflüchtet ist und dort beim Aufbau des Landes mitgeholfen hatte, sondern auch die Geschichte des Staates Israel. Daher ist es ein mehr als aktuelles Buch. Ich schätze mich glücklich, den großen israelischen Schriftsteller mehrmals getroffen zu haben. Seine Stimme fehlt – gerade jetzt. Seine Tochter Fania Oz-Salzberger versucht, in seinem Sinn zu sprechen.

Ein Herzensbuch: Hilde Spiels Biografie von Fanny von Arnstein und Stefan Zweigs *Die Welt von Gestern*, dieses Buch ist sicherlich eines der wichtigsten meines Lebens.

Was war mein erstes prägendes Buch? *Insu-Pu.*

Drei Bücher, die ich auf eine einsame Insel mitnehmen würde. Den *Tanach*, Heines *Buch der Lieder, Hundert Jahre Einsamkeit* von Gabriel García Márquez.

Welches Buch hätte ich gerne selbst geschrieben? Ich bin sehr glücklich über alle Bücher, die ich bisher geschrieben habe, die Ideen gehen mir nicht aus.

50 Ernst Strouhal
Falsche Ohren

Eselsohren sind das Origami der Intellektuellen. Sie erzählen, entdeckt man sie in alten Büchern, vom Ende einer Lektüre und gleichzeitig vom Plan, sie später an dieser Stelle fortzusetzen. Eselsohren sind ein Erinnerungszeichen, aber auch ein Versprechen.

In meiner Kindheit waren Eselsohren allgegenwärtig. Die Eltern und Großeltern waren gnadenlose Eselsohrfabrikanten, in fast allen Büchern, die ich von ihnen geerbt habe, habe ich Eselsohren gefunden, sie bleiben ja auch dann noch sichtbar, wenn sie nach Erfüllung ihrer Funktion wieder zurückgeknickt werden. An manchen Seiten, habe ich entdeckt, waren sogar oben und unten Eselsohren angebracht, sozusagen Doppelohren. Sie dienten offenbar der dauerhaften Markierung von Passagen von ganz besonderer Bedeutung.

Vielleicht lassen sich die Schöpfer anhand der Größe und Gestalt ihrer Eselsohren identifizieren, gleich einem bibliobiometrischen Fingerabdruck. Ob sich bestimmte charakterliche Eigenschaften des Produzenten oder gar mögliche psychische Erkrankungen anhand der Form des Eselsohrs bestimmen lassen, erscheint mir zwar zweifelhaft, aber über manches lässt sich trefflich spekulieren, wenn man auf sie trifft: Ist der Abstand der einzelnen Ohren regelmäßig oder unregelmäßig? Wie lange sind die absolvierten Lesestrecken im Durchschnitt? Wurde die Lektüre abgebrochen? Sind die Ohrformen gleichmäßig oder unterschiedlich? Mein Großvater etwa pflegte vor allem in Dünndruckausgaben die Seiten doppelt einzufalten, also zunächst nach unten und wieder ein Stück zurück, sodass die Markierung besonders deutlich wurde. Er tat das ein Leben lang, auch wenn das Buch über ein Lesebändchen verfügte.

Manche hassen die eingeknickten Zeichen. Weil sie vom Lesen ablenken und weil man sich, entdeckt man sie auf einer Seite, nach seinem Vorgänger und dessen Gewohnheiten fragt, statt sich ganz dem Buch und dessen Autor zu widmen. Für mich waren die Eselsohren aber immer liebe Spuren, die erzählen, dass da schon einer oder eine gelesen hat.

Es gibt freilich auch Menschen, die Eselsohren in Büchern anbringen, auch wenn sie gar nicht darin gelesen haben, sozusagen Leselügner durch falsche Eselsohren. Vor vielen Jahren habe ich eine Freundin einmal beim mehrfachen Einknicken beobachtet. Als Buchhändlerin hatte sie zwar ständig mit Büchern zu tun, aber sie las kaum je ein Buch und verließ sich auf Inhaltsangaben.

Sie liebte Bücher als Objekte, litt aber, gestand sie mir, an der Montaigne'schen Krankheit, die gar nicht so selten ist, wie man denkt. Die Montaigne'sche Krankheit besteht in einem spezifischen Gedächtnisverlust, die Lesenden vergessen sehr rasch und fast vollständig, was sie gelesen haben, ja sogar, dass sie ein bestimmtes Buch gelesen haben. Montaigne war meines Wissens der Erste, der auf diese sehr spezifische Gedächtnisschwäche aufmerksam gemacht hat. Er gestand sich und der Welt freimütig ein, dass er vom Gelesenen nichts behielt.

Seine Arznei, um fortwährende Doppellektüren zu vermeiden, bestand in einem Eintrag ins Buch mit Datum und Kurzkommentar. Lesen war für Montaigne (neben dem Schreiben) ja essenziell, sein wichtigster Zeitvertreib. Meiner Freundin erschien es aufgrund der Permanenz des Vergessens dagegen überhaupt sinnlos zu lesen, sie gab das Buchlesen vollständig auf, sie suchte jedoch ihre Insuffizienz vor ihren Freunden und Kolleginnen zu verbergen. Den Büchern, die sie kaufte, brach sie gleich nach dem Erwerb den Rücken, sodass sie gelesen wirkten, und fügte nach ein paar Tagen auch die fingierten Eselsohrspuren ein, indem sie jedes Ohr mehrmals vor- und zurückknickte.

Ich habe nie etwas gesagt, obwohl ich von ihrer Heimlichkeit wusste, im Grunde fand ich ihre kleine Täuschung liebenswert. Sie sprach außerdem recht eloquent über die nichtgelesenen Bücher, und wer hat schon, dachte ich mir damals, eine Freundin mit einer Bibliothek mit Büchern voller falscher Ohren?

51 Jan-Heiner Tück
»Wie einer, der eine halbe Glorie um sich hatte«

Als Judith Hermann 1998 den Band *Sommerhaus, später* vorlegte, wurde sie schlagartig berühmt. Vom »Sound einer neuen Generation« war die Rede. Die Kritik rühmte die lakonische Sprache, die Schönheit und Eleganz des Stils. Die Figuren waren unterwegs, metaphysisch unbehaust, von einer stillen Sehnsucht umgetrieben, einmal anzukommen am Ziel ihrer Träume. In ihrem Erzählband *Alice* von 2006 ging es um Variationen über das Thema Sterben, Zurückbleiben und Weiterleben. Über das Schwerste wurde wunderbar leicht erzählt: Was geschieht, wenn ein naher Mensch aus dem Leben gerissen wird, wenn der andere, mit dem ich mein Leben geteilt habe, nicht mehr da ist? Unvergessen die Szene, in der die Protagonistin die Kleidungsstücke ihres verstorbenen Mannes aus dem Schrank räumt – die grüne Fliegerjacke, das blaue Hemd … Alles erinnert noch einmal an gemeinsame Erlebnisse. Im Stoff der Klamotten ist der Stoff der Geschichte aufbewahrt. Das meiste wandert in den Rote-Kreuz-Karton, manches aber kann sie nicht wegwerfen – das ist das wenige, was bleibt, die »Reliquien« einer Liebe, die durch den Tod brutal zerschnitten wurde.

Nach ihrem Roman *Aller Liebe Anfang* von 2014, der von einer Frau in mittleren Jahren erzählt, die geht, einfach geht und ihre Familie verlässt, hat Judith Hermann 2017 einen Band mit Erzählungen vorgelegt: *Lettipark*. Auch hier finden sich immer wieder flüchtige Momente von großer poetischer Kraft, kurze Augenblicke, in denen sich das Leben wie in einem Brennglas verdichtet. Gleich eingangs steht eine Geschichte mit dem schmucklosen Titel »Kohlen«. An

einem kalten Wintermorgen wird auf einem Hof ein großer
Haufen Briketts angeliefert, der in einen alten Stall geschippt
werden muss. Die Gruppe, welche die Arbeit verrichtet, bildet zunächst eine Kette, geht dann aber wegen des Nebels
dazu über, dass jeder für sich allein arbeitet. Während einer
Kaffeepause am Mittag – die Sonne hat den Nebel inzwischen aufgelöst – kommt ein Junge mit einem Rad auf den
Hof gefahren. Sein Name ist Vincent. Er ist vier Jahre alt und
hat seine Mutter verloren, die an einer zerbrochenen Liebe
buchstäblich zerbrochen ist. Vincents Vater hatte sich von ihr
getrennt, sie hatte das nicht verkraftet, war krank geworden,
hatte sich in sich eingeschlossen und war am Ende in einem
Krankenhaus verstorben. Der Junge auf dem Rad, in grü-
ner Jacke und mit Mütze, mit verschränkten Armen auf dem
Lenker: »Er sah aus wie einer, dem eine unsichtbare Hälfte
fehlt, er sah aber auch aus wie einer, der eine halbe Glorie
um sich herum hatte.«

Unwillkürlich weckt der Junge bei der Kaffee trinkenden
Gruppe Erinnerungen an seine früh verstorbene Mutter, die
»groß und zerbrechlich« gewesen war, oft einen wehmütigen
Eindruck gemacht und hilflos gewirkt hatte, die aber auch
tobend aufbrausen konnte. Die Abwesende ist erneut anwe-
send. Schon schwer gezeichnet von ihrer Krankheit hatte sie
bei einem Besuch auf der Station wiederholt gesagt: »Es ist so
schade, dass ich eure schönen Gesichter nicht sehen kann.«
Dieser Satz wird in der Erzählung einfach wiederholt – und
erhält gerade dadurch eine seltene Eindringlichkeit. Dann
folgt der Kommentar: »Wir hatten nicht gewusst, dass unsere
Gesichter für Vincents Mutter schön gewesen waren, und wir
waren mit dem Eindruck nach Hause gegangen, dass man
manche Dinge erst sagen kann, wenn sie unwiderruflich vorbei sind.« Erst die Kranke, die aus dem Umkreis des Selbstverständlichen herausgerissen ist, sieht, was sonst unter dem

Schleier des Selbstverständlichen verborgen geblieben wäre. Sie vermisst die Gesichter der anderen – und erst jetzt, da sie sie nicht mehr sehen kann, wird ihr deutlich, wie schön diese Gesichter für sie immer gewesen sind, zugleich ahnt sie, dass es schon bald unmöglich sein wird, diese Gesichter je wieder zu sehen. Sie spricht aus, was sonst unbemerkt geblieben wäre – und hier streift den Leser die melancholisch gefärbte Einsicht, dass das Leben, das wir leben, bei allen Begegnungen und Spuren des Glücks einmal unwiderruflich vorbei sein wird.

Nach der Pause hilft Vincent mit beim Kohlenschippen. Alle bilden nun eine Kette: Der eine nimmt die Kohlen aus der Hand des anderen und gibt sie an den Nächsten weiter, eine Geste des Weitergebens, eine Erfahrung von Kommunion im Alltag, die für die Gruppe eine sakramentale Dimension erhält. Judith Hermann, die ansonsten religiöses Vokabular nur äußerst sparsam verwendet, zeigt dies im letzten Wort ihrer Erzählung an: Vincents »Mutter hatte uns gezeigt, dass man an der Liebe sterben kann … Es war eigenartig zu denken, dass das Vincents ganzes Leben bestimmen würde, und wir nahmen die Kohlen aus seinen kleinen schmutzigen Händen wie Hostien.«

52 Mira Ungewitter
Lesezeichen

Die Bitte, einen Impuls über die Bedeutung von Büchern zu schreiben, zieht mich wie von selbst mit den Gedanken in meine Kindheit zurück.

Vielleicht wäre es als Autorin schicklicher, etwas über die Gleichzeitigkeit der Bürde und Schönheit des Bücherschreibens zu verfassen. Oder weise Worte über Weltliteratur zu finden, die mein Leben verändert hat.

Aber ich denke an mein Kinderzimmer Mitte der Neunzigerjahre zurück. Geblümte Tapete. Pinkfarbener Teppichboden. Als bonbonfarben hatte meine Mutter die Auslegware beim Kauf bezeichnet. Ich denke an ein Holzbett mit Heidi-Bettwäsche und an eine Taschenlampe mit silbernem Griff und rotem Schirm.

So eine mit den dicken Batterien. Gar nicht so leicht für die Hände einer Neunjährigen, die nichts so sehr hasste, wie ins Bett zu müssen. Hass ist zugebenermaßen ein großes Wort, was ich eigentlich versuche zu meiden.

Aber der Satz: »So, jetzt Zähneputzen« als Vorstufe des unaufhaltsamen Endes des Tages hat in mir jeden einzelnen (!) Tag meiner Kindheit den Drang nach einem infantilen Freiheitskampf ausgelöst. Schlafen bedeutete, etwas zu verpassen.

Schlaf war Kapitulation. Gelindert wurde diese Pein von dem Geschenk der roten Taschenlampe, dem Erstarken meiner Lesefähigkeiten und natürlich von: Büchern.

Licht aus, Äuglein zu?! Von wegen. Ein paar Minuten warten, bis im Wohnzimmer der Fernseher lief, um dann in geheimer Mission ein Buch zu öffnen.

Im Lichtpegel der Taschenlampe, der vermutlich nicht so geheim war, wie ich damals dachte, taten sich neue Welten

auf. Ich kenne nicht mehr alle Buchtitel. Einzelne Fantasie-
bilder gehen heute in meinem Kopf wabernd ineinander
über.

Aber ich erlas mir die Möglichkeit, dass Mädchen eine
Fußballmannschaft gründen können. Ich fieberte mit einer
Ausreißerin mit, die sich tagelang auf dem Speicher versteck-
te. Ich reiste auf den Seiten eines blauen Buchs mit einer
kleinen Hütte darauf in die Vergangenheit und bekam den
Hauch einer Ahnung, wie es wohl war, vor 200 Jahren im
Schwarzmoor aufzuwachsen. Sich selbst in die Vergangenheit
hineindenken zu können, was für ein Leseschatz. Was für ein
Lesezeichen.

Ich stand mit der kleinen Assol am Hafen und erblick-
te ein feuerrotes Segel. Mein Bett wurde gleichsam bei der
Lektüre von Erwin Moser zum »Bett mit den fliegenden
Bäumen«. Fliegen über den eigenen Horizont hinaus, mit
dem Kopf auf der Heidi-Bettwäsche.

Ich las Bücher und fühlte Geschichten. So wurden Bücher Verbündete eines kleinen Mädchens. Verbündete der
Selbstbestimmung über ihren Schlafrhythmus. Über ihre
Zeit. Erstaunlicherweise machten die Gedankenausflüge
recht müde.

Nach dem Tod meiner Mutter im Oktober 2022 habe
ich mir dieses Buch *Großvaters Geschichten oder Das Bett mit
den Fliegenden Bäumen* noch einmal gekauft. Vielleicht war
es der Wunsch, ein weiteres Mal in dieses Kinderzimmer-
gefühl zurückzukehren. Ich musste lächeln, als ich den Einband aufschlug und feststellte, dass ich nun in dem Land lebe,
in dem die Geschichtensammlung ihre Inspiration fand: in
Österreich. Dies hatte ich als Kind nicht weiter zur Kenntnis
genommen. Es ist schon spannend, wie das Leben manchmal
spielt und wie Bücher zu Weggefährten werden können. So

birgt jedes Buch in sich ein Versprechen, in eine andere Welt ein- oder abzutauchen.

Besonders heimlich, mit einer Taschenlampe in der Hand.

53 Alexander Van der Bellen
Anderthalbsprachig

»Österreich ist literarisch ein Unikum. Bei einem Zehntel der Bevölkerung Deutschlands hat es sehr viel mehr bedeutende Autoren hervorgebracht, als statistisch erlaubt wären«, schrieb Michael Maar vor einigen Jahren in einem Bestseller über guten Stil in der Literatur. Literatur schert sich offensichtlich nicht um irgendeine Erlaubnis der Statistik, und ich vermute, Michael Maar schrieb diesen ironischen Satz aufgrund der Annahme, dass wir in Deutschland und Österreich dieselbe Sprache fürs Reden und Schreiben nutzen. Das ist spätestens seit Karl Kraus umstritten.

Bei der Suche nach den Gründen für das Eigentümliche der österreichischen Literatur wurde lange Zeit das vielsprachige Erbe der österreichisch-ungarischen Monarchie als Grund genannt. Im »Reichsparlament« in Wien wurde in einem halben Dutzend Sprachen debattiert, und das ohne Simultanübersetzung. Gegen Ende des 19. Jahrhunderts waren viele der wichtigsten Wiener Minister Polen. Sie werden mit dem Kaiser und den Beamten nicht nur auf Polnisch kommuniziert haben. Mehrsprachigkeit war also normal. Auch heute gibt es in Österreich eine Reihe von Autorinnen und Autoren, die z. B. Slowenisch und Deutsch muttersprachlich hervorragend beherrschen, und ich halte es für durchaus wahrscheinlich, dass Doppelsprachigkeit Einfluss auf Form, Stil und Inhalt von Texten hat.

In Österreich aufzuwachsen bedeutet für jede und jeden seit jeher, zweisprachig aufzuwachsen – oder zumindest anderthalbsprachig – denn wir alle lernen neben Deutsch noch eine andere »Sprache«, nämlich unseren Dialekt. Dialekte kann man schon auch als eigene Sprache sehen, mit ihrer eigenen Färbung, ihren eigenen Regeln und ihrem eigenen Vokabular. Vielleicht ist hier die Sprachwissenschaft nicht ganz meiner Meinung, aber unsere Dialekte sind ein Teil dessen, wer wir sind und wo wir herkommen – sie sind also unser sprachliches »Zuhause«. In meinem Fall Kaunertalerisch. Den Satz »Feard isch fir mi wia nacht« versteht außerhalb vom Kaunertal niemand. Wie bei einer Fremdsprache muss man ihn ins (Hoch-)Deutsche übersetzen: »Letztes Jahr ist für mich wie gestern.«

Diese Sprachvielfalt kommt auch im Motto des österreichischen Auftritts der Leipziger Buchmesse 2023 zur Geltung. Mit der spielerischen Formulierung »Mea ois wia mia«, die man mit »Mehr als wir« ins Hochdeutsche übertragen könnte, spielt dieses Motto auch auf die Wiener Gruppe an, die nach 1945 die heimische Literatur insofern revolutionierte, als die Mundart Eingang in die Avantgarde fand. Sie war nicht länger in der »Provinz« als romantische oder reaktionäre Heimatlyrik verwurzelt, sondern wurde an die Spitze der literarischen Moderne katapultiert. Gleichzeitig war dies eine Aufwertung der Sprachenvielfalt, eine Rehabilitierung regionaler Eigenheiten und Dialekte.

In der Literatur Österreichs hat sich seither einiges getan. Exemplarisch sei erwähnt, dass zwei Persönlichkeiten aus Österreich im Abstand von nur fünfzehn Jahren den Literaturnobelpreis erhielten. 2004 Elfriede Jelinek und 2019 Peter Handke. Jelinek und Handke sind nur zwei Leuchttürme. Man darf trotz ihrer Strahlkraft aber nicht übersehen, dass Dutzende Autorinnen und Autoren aus Österreich zum heutigen Kanon der Gegenwartsliteratur zählen. Viele der jungen Autorinnen und Autoren tun ihre ersten Schritte bei österreichischen Verlagen und wechseln später zu einem deutschen Verlag. Ich nehme dieses Phänomen zum Anlass, den heimischen Verlagen zu danken. Trotz dieser manchmal undankbaren Rolle lassen sie sich nicht entmutigen und machen laufend neue Talente ausfindig.

Ich danke aber auch all den Buchhändlerinnen und Buchhändlern, die mit ihrer Expertise und ihrem Engagement aufwarten. Sie sind durch keinen Algorithmus ersetzbar. Wer in eine gute Buchhandlung geht, erkennt sofort, dass hier mit Herzblut und Hirnschmalz für Herz und Hirn gearbeitet wird.

Dieser Text basiert auf der Rede des Bundespräsidenten vom 26. April 2023 zur Eröffnung der Buchmesse Leipzig 2023, deren Gastland damals Österreich war.

54 Norbert Walter
Ein Weinkeller voll verborgener Schätze

Bücher sind für mich geistige Nahrung in all ihren Facetten. Und sie haben den Vorteil: Ich muss diese Nahrung nicht mehr mühevoll zubereiten; das hat jemand schon für mich erledigt, meist in ganz hervorragender und nicht selten äußerst bekömmlicher Art und Weise.

Buchhandlungen sind für mich ganz besondere Orte: Orte des Wissens und der Fantasie gleichzeitig, auch Orte zum Schmökern, zum Runterkommen, zum Zeitfinden; aber auch Orte, an denen ich große, unbekannte, neue oder alte Autorinnen und Autoren (wieder) entdecken und (näher) kennenlernen kann. Und sie sind gleichzeitig auch Orte für fantastische Veranstaltungen und großartige Erlebnisse wie Lesungen oder auch wunderbare Weinverkostungen (wo man, ausnahmsweise, Geist in flüssiger Form zu sich nimmt). Meine Lieblingsbuchhandlung Herder in der Wiener Wollzeile ist in jedem Fall so ein magischer Ort, zu dem es mich immer wieder hinzieht (auch wenn sich zu Hause die Bücherregale bereits gefährlich durchbiegen).

Zwei Bücher sind mir besonders wichtig: *Der Hauptmann von Köpenick* in der Fassung von Carl Zuckmayer und die *Schachnovelle* von Stefan Zweig. Als mein liebstes Buch würde ich *Die unerträgliche Leichtigkeit des Seins* von Milan Kundera bezeichnen.

Ich lese, um in die geistige Welt zu reisen. Bücher sind für mich das dazu gehörende Ticket und Verkehrsmittel gleichzeitig: Das gilt für ein äußerst realistisches Sachbuch ebenso wie für den schönsten Roman. Lesen hält geistig fit. Oder anders ausgedrückt: Bücher sind wie ein guter Weinkeller; voll verborgener Schätze, die in ihrer totalen Unterschiedlichkeit eines verbindet: höchste Qualität.

Warum soll man heute noch lesen? Und was soll man lesen? Die Frage kann ich nur für mich beantworten: Als humanistisch gebildeter Mensch gehört Lesen einfach dazu; fast möchte ich sagen immer und überall. Und was man kennen sollte? Ganz einfach: die großen humanistischen Werke, die Klassiker sozusagen. Mir fällt da ganz spontan beispielsweise die *Politeia*, also der Staat, von Platon ein. Und Biografien; Biografien zu lesen, gibt Einblicke in die Lebenswelt der jeweiligen Protagonisten, lässt hinter die Kulissen blicken, erklärt und lehrt im besten Sinn des Wortes. Und da ist es eigentlich gleichgültig, ob der oder die Beschriebenen sympathische Zeitgenossen oder ganz fürchterliche Menschen gewesen sind. Denn auch ein abschreckendes Beispiel kann einem eine Lehre sein.

Drei Bücher, die ich auf eine einsame Insel mitnehmen würde.
Das ist schnell gesagt: Den *Sonnengesang* des heiligen Franziskus, *Der Alchimist* von Paulo Coelho und ein wirklich gutes Kochbuch.

Welches Buch hätte ich gerne selbst geschrieben?
Ein Buch über die Wienerinnen und Wiener, wie sie ihren Alltag bestreiten, ihre Feste feiern, ihrer Arbeit nachgehen, ihren Glauben leben, wie sie Musik, Kunst und Kultur schaffen, die Natur bearbeiten und gestalten und daraus das Beste für Küche und Keller erzeugen, wie sie mit der Vergangenheit umgehen und für die Zukunft planen, kurz, ein Buch über einen Menschenschlag, der bei aller Vielfalt und Buntheit ein Leben leben will, das mit einem Wort beschrieben werden kann, das kaum in andere Sprachen übersetzbar ist: Gemütlichkeit.

55 Hubert Philipp Weber
Eine Buchhandlung ist ein gefährlicher Ort

Gerne gehe ich in die Buchhandlung, selbstverständlich, weil ich ein bestimmtes Buch suche oder zu einem Thema recherchieren will. So gehört es sich. So ist es aber nicht. Ich gehe gern in die Buchhandlung, weil es gut ist, dort zu sein. Die Besuche dort tun mir gut, bereichern mich, geben mir Stoff zum Weiterdenken und bleiben selten folgenlos. Ich gehe hin, wenn es mir gut geht oder wenn ich bedrückt bin. Die Buchhandlung meines Vertrauens kennt meine Interessen und Vorlieben viel zu gut. Da eine Neuerscheinung in meinem Fachgebiet, der systematischen Theologie, dort eine neue Ausgabe klassischer Texte und dann noch das neueste Buch einer persönlich bekannten Autorin und vielleicht noch ein wenig Sommerlektüre für den Urlaub finden sich schnell. Mit den entsprechenden Tragetaschen, früher gelb, später rot oder kunstvoll gestaltet, gehe ich dann als Werbeträger durch die Stadt, ehrlich und gerne. Es darf an dieser Stelle lobend erwähnt werden, dass vor allem in der Vorweihnachtszeit in der Buchhandlung so manche Not gewendet werden konnte. Ich bin nämlich ziemlich fantasielos beim Aussuchen von Geschenken und daher auf Hilfe höchst angewiesen. Eine Flasche Wein kann man nicht immer mitbringen, aber das richtige Buch schon. Dazu ist aber ein Gespräch notwendig, und dafür ist in der Buchhandlung ein wenig Zeit.

Für Bücher ist in meinem Wohnzimmer (und auch sonst in meiner Wohnung) eigentlich kein Platz mehr. Sie können nicht zusammenrücken, und eine dritte Reihe geht sich im Bücherregal nicht mehr aus. Bücher sind Freunde, mit denen wir uns gerne umgeben, weil sie etwas zu erzählen haben. Daher kann man Bücher auch nicht einfach weggeben, wenn man sie einmal gelesen hat. Fachbücher und Textausgaben kauft man ohnedies nicht, um sie am Abend vor dem Einschlafen zu lesen, sie bilden das unverzichtbare Handwerkszeug für meine Arbeit. Dafür müssen sie aber vor Ort sein. Das ändert allerdings nichts daran, dass objektiv betrachtet zu viele davon bereits in meiner Wohnung wohnen. Die Gefahr, die von der Buchhandlung ausgeht, ist sehr real. Dort wird eine Bewegung initiiert, die Bücher aus den Regalen der Buchhandlung in meine Wohnung wandern lässt, wo sie herzlich willkommen geheißen werden und dann einen Platz suchen müssen. Nicht nur die Weltbevölkerung wächst kontinuierlich und ist auf der Suche nach immer mehr Platz. Das gilt auch für meine Bibliothek.

Eine Buchhandlung ist auch in anderer Hinsicht ein gefährlicher Ort. Die postmodernen Algorithmen, mit denen unser Suchverhalten im World Wide Web angepasst wird, sorgen dafür, dass wir bei allen unseren Suchen vor allem die Bestätigung der eigenen Ansichten und der bisherigen Ergebnisse finden. Diese Vorgänge werden von Büchern auf mitunter subversivste Weise durchkreuzt. Wer sich darauf einlässt, Themen zu vertiefen, verschiedene Perspektiven einzunehmen, mehr zu wissen, muss auch damit rechnen, dass die eigenen Ansichten sich ändern. Manche Menschen empfinden das als unangenehm. Denn obwohl viel von Veränderung gesprochen wird, ist sie im konkreten Fall denkbar unbeliebt, zumindest dann, wenn nicht garantiert werden kann, dass nachher alles noch so ist, wie es vorher war. Aber für die, die sich darauf einlassen, ist es ein wohltuender Prozess.

Bücher können die Fantasie anregen. Wer eine Buchhandlung betritt, hat die Chance, in weit größere Räume einzutreten. Fantasie ist an sich schon gefährlich, weil sie sich nicht von außen steuern lässt. Deshalb sind Bücher Räume der Freiheit, die auch in schweren Zeiten und Situationen

Hoffnung geben können. Aus demselben Grund bekämpfen diktatorische Regime Bücher. Wer Menschen manipulieren will, sollte sie von Büchern fernhalten.

Vielen erscheinen Buchhandlungen anachronistisch. Brauchen wir noch Bücher, wenn doch jede Information weltweit ganz leicht mit dem Smartphone erreichbar ist? Lässt sich nicht für die unverbesserlichen Leser und Leserinnen ihr Bedürfnis ganz leicht elektronisch erfüllen, von zu Hause aus über Plattformen? Buchhandlungen haben es heute nicht leicht, weil sie eine Gegenbewegung zur neuen Häuslichkeit darstellen, die viele alles vom Sofa zu Hause erledigen lässt. Ich muss mich bewusst entscheiden, sie zu betreten, im Bewusstsein der Gefahren, die dort lauern. Ich setze mich denen gerne aus und kann allen anderen nur raten, es mir gleichzutun.

Zugaben:

Martin Werlen
Die Welt der Bücher

Die Sprache ist ein großes Wunder. Das ist mir ganz neu aufgegangen, als ich im Januar 2012 nach einem schweren Sportunfall die Sprache verloren hatte und sie mir nach intensiven Therapien in einer Spezialklinik wieder geschenkt wurde. Wir sind überrascht, wenn jemand durch einen Unfall die Sprache verliert. Müssten wir nicht vielmehr überrascht sein, dass wir sprechen können?

Es ist faszinierend zu beobachten, wie ein Kind zu sprechen lernt. Zuerst geschieht das mit Schreien, Zeichen und Mimik, dann immer mehr mit einem stets wachsenden – zuerst passiven und dann auch aktiven – Wortschatz. Der Mensch hat es geschafft, dieses Wunder der Sprache auch mit ein paar Zeichen weiter zu schenken – über die Zeiten hinweg. Mit knapp dreißig Zeichen geschieht das in der deutschen Sprache. Die Buchstaben und Satzzeichen müssen nur dementsprechend organisiert werden. Wir haben uns leider daran gewöhnt und haben das Staunen darüber verloren. Von Gefühlen kann berichtet werden und von Erlebtem, wir können in die Vergangenheit geführt werden und in die Zukunft, von Möglichem ist die Rede und von Unmöglichem, von Berührendem und von Schrecklichem.

Im Buch werden andere auf eine längere Reise mitgenommen. Da geht es nicht mehr um eine kurze Information für den Moment. Die Zahl der Bücher ist ins Unermessliche gestiegen. Am Anfang waren es Handschriften, ab dem späten 15. Jahrhundert Drucke, und heute sind wir mit digitalisierten Formen vertraut. Die Vereinfachung der Herstellung ließ auch die Zahl der Publikationen in die Höhe schnellen. Jedes Buch ist wie eine Schatztruhe. Wie es sich von außen präsentiert, kann bereits etwas von dem verraten, was drinnen zu finden ist. Es gibt aber ein Äußeres, das allzu leicht am kostbaren Inhalt vorbeigehen lässt. Und es gibt ein Äußeres, das draußen verspricht, was es drinnen nie halten kann. Wie im Leben im Allgemeinen, so gibt es auch Bücher, die gelungen sind, und andere, die man lieber unterlassen hätte – unabhängig vom Umschlag. Eines ist klar: Nur wenige der Jahr für Jahr veröffentlichten Bücher können wir lesen. Wie weiß man, was sich lohnt und was nicht? Wer das einfach aufs Geratewohl tut, verliert viel wertvolle Zeit. Empfehlungen sind wichtig. Davon lebt jedes Buch. Gute Bücher weiten den Horizont und das Herz.

Eine Buchhandlung lässt mich in die Welt der Bücher eintreten. Auf den Onlinekauf verzichte ich wenn immer möglich – übrigens nicht nur bei Büchern. Dafür sind mir Begegnungen von Mensch zu Mensch zu wichtig und die Suche in einer nicht bereits enggeführten Wahrnehmung. Nicht jede Buchhandlung lässt mein Herz höherschlagen. Manchmal bin ich schon bald enttäuscht, weil wirklich kein einziges Buch mich anspricht. Ja, das gibt es leider immer mehr. Das ist meistens in Buchhandlungen in Einkaufszentren der Fall, in denen auch niemand da ist, der mich beraten kann. Wer hier arbeitet, kennt den Umgang mit der Kasse, aber nicht die Welt der Bücher. Und das merkt man.

In Buchhandlungen, die diesen Namen wirklich verdienen, stoße ich auf Vertrautes und Neues, auf Gesuchtes und Unerwartetes: Autorennamen, Titel, Themen. Und da sind Menschen, die ihren Laden kennen und Freude an den Büchern haben. Die Welt der Bücher lebt. Ich werde beraten. Die Buchhandlung Herder in der Wiener Innenstadt habe ich so kennengelernt und bei jedem Besuch auf diese Weise erlebt. Dort gehe ich gerne hin, weil der Ort ein Lebensraum ist. Dass der Übergang von Mag. Gerhard Zach an Dr. Tobias Mayer dieses Juwel von der Vergangenheit über die Gegenwart in die Zukunft führt, ist eine Rarität, die hoffentlich auch andere Buchhandlungen ermutigt. Die Welt der Bücher verdient es, besonders aber der Mensch auf seiner Suche nach dem Woher, dem Wozu und dem Wohin.

Paul Zulehner
Bücherwurm

Welch ein schönes Bild! Wie ein Wurm »frisst« man sich durch ein Buch. Man »verschlingt« es, so ein anderes Bildwort. Bücher sind Seelennahrung. Aber sie verbreitern auch das Wissen. Natürlich haben Bücher heute in der Wissenschaft Konkurrenz erhalten. Das Internet bietet rasche Informationen. Auch KI-gestützte Suche kann rasch das Notwendige an Auskünften bereitstellen. Dennoch fühle ich mich in meinem Arbeitszimmer, voll von Büchern, ebenso wohl wie in einer gut sortierten Buchhandlung, etwa wie bei Herder.

Das gedruckte Buch

Das gedruckte Buch hat durch das E-Book sowie das Hörbuch Konkurrenz erhalten. Ein E-Book kann ich herunterladen und sofort einsehen. Ein Hörbuch kann beim Joggen oder Autofahren gute Dienste leisten. Dennoch habe ich gern ein Buch in der Hand, kann darin blättern, wichtige Stellen markieren, Anmerkungen an den Rand schreiben. Gedruckte Bücher erlebe ich wie Dialogpartner.

Nischentheologie

Was mir als Theologe Sorge bereitet, ist die nachlassende Nachfrage nach religiösen Büchern. Etwas besser steht es um spirituelle Weisheitsliteratur. Das hat etwas mit der Entwicklung der christlichen Kirchen zu tun. Sie stecken in einem tiefen Umbau. Zudem sind sie mit sich selbst beschäftigt. Das, was Menschen umtreibt, steht zwar beim Papst auf der Tagesordnung, aber weit weniger in den Predigten. Die Sonntagsmessen sind nicht erlebnisstark, manchmal auch nicht gottvoll. Die Sprache der Liturgie ist vielen Zeitgenossinnen fremd geworden. Weltoffene Menschen können die vielfach weltabgewandten Kleriker nur schwer ertragen und bleiben fern. Könnte es sein, dass das Lied Gottes vom Sieg der Liebe über den Tod in den Kirchen nicht laut genug ertönt? Vielleicht ist es ein Megaverdienst einer guten Buchhandlung, wenn der Bereich Theologie, Religionen, Spiritualitäten gut gepflegt wird, auch wenn dieser in den Jahren vor uns nicht allzu viel Absatz verspricht.

Eingängig

Mit meinen Mitarbeitenden am Lehrstuhl für Pastoraltheologie erarbeitete ich eine vierbändige Pastoraltheologie. Wir waren mit dem Band vier, der Pastoralen Futurologie, der Zeit um Jahrzehnte voraus: Klima, Frieden, Geschlechtergerechtigkeit, (soziale) Medien beschäftigten uns. Dabei legte ich Wert auf das, was didaktische Diakonie bedeutet. Die Pastoraltheologie sollte für alle lesbar und eingängig bleiben. Ich habe für mich entschieden, Bücher, die ärgerlicherweise nicht gut lesbar sind, erst gar nicht in die Hand zu nehmen. Manche wissenschaftlichen Bücher sind für eine eigene Sprachblase geschrieben, was sie für den Hineindenkenden unzugänglich macht. Ich bevorzuge daher nicht unzugängliche, sondern eingängige Bücher.

Herzensbücher

Dass für mich als gläubigen Christen mit einer enormen Kirchenresilienz die Heilige Schrift ein Herzensbuch ist, wird nicht überraschen. Aber ebenso ist mir Rainer Maria Rilke ans Herz gewachsen. Ich vertiefe mich auch gern in die spirituellen Meister und Meisterinnen, wie Teresa von Ávila, Johannes vom Kreuz, Meister Eckhart. Ans Herz lege ich meinen Studierenden vor allem aus Ost(Mittel)Europa, für die ich mit Kardinal König den Förderverein Pastorales Forum gegründet habe, das meisterliche Werk des Franziskanermystikers aus New Mexiko, Richard Rohr *The Universal Christ* (*Alles trägt den einen Namen*). Es ist ein wirklich »katholisches« Werk, allumfassend, im Dialog mit den modernen Wissenschaften und zugleich von tragfähiger Spiritualität für Zeitgenossinnen.

Lesen: Bücher und Noten

Mein Erstbuch war kurz nach meiner Einschulung in Niederbayern der *Kleine Katechismus*. Dieser bestand aus Fragen und Antworten. Die erste Frage dort heißt: »Wozu sind wir auf Erden?« Die Antwort, die wir Kinder auswendig aufsagen mussten, lautete: »Um Gott zu erkennen und zu lieben und so in den Himmel zu kommen.« Das hat lange die Entwicklung und Praxis meines Glaubens geprägt. Inzwischen habe ich umgelernt und dies auch in den Titel eines meiner Bücher aufgenommen: Wir sind Christen, damit der Himmel jetzt schon auf die Erde kommt. In Spuren wenigstens.

Lesen fördert die Sprache, regt die Fantasie an, weitet die Welt. Allerdings habe ich zusätzlich zum Lesen in Büchern eine andere Sprache gelernt, jene der Musik. Ich habe Noten lesen gelernt, bis hin zu Partituren. So sitze ich nicht nur in einem bequemen Stuhl und lese ein Buch, sondern setze mich an mein Klavier und lese in den Noten einer wundersamen Schubertsonate. Beide Formen schaffen Abenteuer in mir, wecken Emotionen, schenken mir sinnvoll gefüllte Lebenszeit. Sie machen das Leben reich, sie beleben. Vielleicht schützen sie ältere Menschen vor zu früher Demenz und jüngere Menschen vor politischer Verführbarkeit. Lesende Menschen finde ich selten unter religiösen Fundamentalisten und Anhängern politischer Populisten.

Unterhaltung

Wenn ich auf eine Vortragsreise gehe oder mich in den Urlaub zurückziehe, habe ich immer Bücher dabei. Da ich beruflich unentwegt anspruchsvolle Bücher wissenschaftlicher Disziplinen zur Hand nehme, bevorzuge ich für Urlaub und Reise unterhaltsame Bücher. Darunter finden sich auch gute skandinavische Krimis wie auch die Vatikaninsiderkrimis von David Conti mit dessen Hauptfigur Don Cavelli. Eine Zeitlang habe ich auch Jerry Cotton gelesen, um herauszufinden, wie man auch in wissenschaftlichen Büchern unterhaltsam und vor allem spannend vermitteln kann. Theologische Bücher müssen ja nicht unbedingt langweilig sein. Ich habe gelernt, dass Gesichter und Geschichten wichtig sind, nicht nur beim Reden, sondern auch beim Schreiben.

Bücher schreiben

Im Lauf meiner inzwischen langen Lebenszeit ist mir das Schreiben von Büchern ebenso wichtig geworden wie das Lesen. Es ist ein ständiges Hin und Her: Ein Lesen auch mithilfe empirischer Forschung im Lebenserfahrungsschatz der Menschen, ein Wahrnehmen der praktizierten Pastoraltheologie bei den Engagierten in den christlichen Kirchen, ein einfühlsames Bedenken des empirisch Erforschten: Aus all dem kann ein neues Buch erwachsen. Bücher lesen und Bücher schreiben kann ich nicht mehr voneinander trennen.

Imaginäre Bibliotheken

Manche meiner eigenen Lebenserfahrungen haben einen Weg in Gedichte gefunden. Sie könnten inzwischen einen stattlichen Lyrikband füllen. Immerhin lese ich manchmal selbst gern in den unveröffentlichten Texten. Andere Menschen schreiben in ähnlicher Weise Tagebücher. Manche werden posthum veröffentlicht wie jene von Franz Kafka.

Andere werden verbrannt, was meine Mutter zu Lebzeiten gemacht hat. Aber manchmal zählt nicht das, was gedruckt, sondern das, was erlebt wird. Es gibt wohl riesige imaginäre Bibliotheken mit ungedruckten wunderbaren Texten. Vielleicht werden wir in einer anderen Welt in diesen unveröffentlichten Texten lesen können.

Poetischer Schlusspunkt

Gegenseitig

Wir tragen uns
wir tragen uns weit
reisen gemeinsam
durch Raum und durch Zeit
geben uns Bilder
geben uns Worte
zeigen uns
unmöglich mögliche Orte

Wir tragen uns
wir tragen uns weise
bewegen uns reglos
sind ausdrucksstark leise
teilen uns Wohnraum
geben uns Weite
lesen das Leben
Seite für Seite

Wir tragen uns
wir tragen uns weiter
sind wichtige
wandelnde Wesensbegleiter
wir brauchen einander
und das ewiglich
wir lieben einander
die Bücher und ich

Lena Raubaum

Tobias Mayer
Epilog: »Woher weiß der das von mir?«

»Ein Leben ohne Bücher ist möglich, aber nicht sinnvoll.« Sinnsprüche dieser Art kennt der Buchhandel zur Genüge, sie prangen auf Plakaten, Werbemitteln und Social-Media-Kanälen. Alles nur geschickte Rhetorik? Ist die Leidenschaft für das Buch, die Verehrung dieses Mediums und Konsumobjekts, die Bibliophilie und Buchromantik überhaupt authentisch?

Ehrlich gesagt gibt es im Leben so viel Wichtigeres als Bücher: Zufriedenheit mit der eigenen Lebenssituation, liebevolle Partnerschaften, Familie, erfüllende Aufgaben, Anerkennung und Zuneigung, Gesundheit, Hoffnung und Zuversicht auf eine gute Zukunft ... All das können Bücher nicht ersetzen, aber sie können zu manchem beitragen, sie können Trost spenden, wo die Realität und unsere Erwartungen auseinanderklaffen – und sie können von all dem, was das Leben ausmacht, auf besondere Weise erzählen.

Der Philosoph Ernst Bloch notierte einmal den Satz: »Kennzeichnendes Gefühl bei der Lektüre eines guten Autors: Woher weiß der das von mir? Ein guter Brief gibt Kunde vom Schreiber, ein gutes Buch vom Leser.« (in: *Brief und Buch*) Ein gutes Buch gibt Kunde vom Leser, folgt man Bloch. Es stellt also nicht die Autorin dar, sondern jene, *die es lesen*. Eine Beobachtung, auf die man sich einlassen muss, und auf die die Literaturwissenschaft unter dem Namen »Rezeptionsästhetik« seit den 1970er Jahren hingewiesen hat: Die Leserinnen und Leser selbst sind entscheidende Akteure im Blick auf die *Wirkung* eines Textes. Dieser ist nichts Absolutes, steht nicht für sich allein, sondern er entfaltet seine Wirkung erst im Verlauf der Lektüre. Wer liest, interagiert mit dem Text: Was da zwischen Leser, Leserin und Buch passiert, ist mehr und anderes, als bei sonstigen erzählenden Medien (Filme, Serien, Spiele) erlebt wird. Die Erfahrung »Woher weiß der das von mir?« scheint insbesondere mit der Lektüre verbunden zu sein.

Wer Bücher liebt, tut es aus guten Gründen. Auch ohne sie immer gleich zur lebensrettenden Planke zu stilisieren. Aber seien wir wieder ehrlich: Auch dies waren sie oft genug, auch dies können sie sein. Für die Gleichgesinnten, die sich in Buchhandlungen versammeln, für diejenigen, die das Lesen als elementaren Bestandteil ihres Lebens betrachten, ist jedenfalls klar, dass sie das, was sie im Geschriebenen suchen, nirgendwo anders finden werden. Wie furchtbar ist ihnen allein die Vorstellung, der Lesestoff könnte ausgehen. Das wachsende Bücherregal ist eine hervorragende und sehr beruhigende Art der Vorratshaltung.

Die Beiträge dieses Bandes erzählen von Lesebiographien und Erlebnissen mit Büchern. Die Autorinnen und Autoren erinnern sich der geliebten Leseräume ihres Lebens: Kinderstuben und Dachböden, Wohnzimmer und Gärten, Büros, Bibliotheken und natürlich auch Buchhandlungen. Und jedes gute Buch ist ja selbst wieder ein Raum, den man lesend betritt, sich dort niederlässt, die Umgebung erkundet – und den Raum verändert verlässt.

In der Wiener Wollzeile Nr. 33 ist so ein Leseraum, der für Erkundungen und Lesereisen meist offensteht.

Autorinnen und Autoren dieses Buches

Hubert Arnim-Ellissen, geb. 1957, war Autor und Redakteur beim ORF.

Ursula Baatz, geb. 1951, ist österreichische Philosophin, Autorin und Journalistin.

Udo Baer, geb. 1949, ist Pädagoge, Gesundheitswissenschaftler, Therapeut und Heilpraktiker für Psychotherapie.

Christoph Benke, geb. 1956, ist römisch-katholischer Priester, Theologe und Hochschuldozent. Er ist geistlicher Leiter des Zentrums der Erzdiözese Wien für Theologiestudierende.

Simon Biallowons, geb. 1984, ist studierter Philosoph, Geschäftsführer und Cheflektor des Herder Verlags.

Elisabeth Birnbaum, geb. 1969, Theologin, Direktorin des Österreichischen Katholischen Bibelwerks.

Hans Brandl SJ, geb. 1972, Lehrer und Schulseelsorger am Kollegium Kalksburg sowie Exerzitienbegleiter.

Barbara Brunner, geb. 1953, ist seit Jahrzehnten in der österreichischen Buchbranche tätig, insbesondere durch ihre PR-Agentur.

Toni Faber, geb. 1962, ist Dompfarrer am Wiener Stephansdom und Mitglied des dortigen Domkapitels.

Walter Famler, geb. 1958, ist Journalist, Redakteur und Verleger, Generalsekretär des Kunstvereins Alte Schmiede in Wien.

Markus Figl, geb. 1973, ist Politiker der ÖVP, seit 2015 Bezirksvorsteher des Ersten Bezirks, der Inneren Stadt.

Ingrid Fischer, geb. 1961, studierte Psychologie, Humanbiologie und Theologie, arbeitet seit Jahrzehnten für die Wiener Theologischen Kurse und ist seit 2017 Programmleiterin der Akademie am Dom.

Benedikt Föger, geb. 1970, ist Verleger und Präsident des Hauptverbandes des Österreichischen Buchhandels.

Ille C. Gebeshuber, geb. 1969, ist Professorin am Institut für Angewandte Physik der TU Wien.

Wilhelmine Goldmann, geb. 1948, war Managerin und Vorstandsdirektorin der ÖBB-Personenverkehr AG. Sie lebt in Wien.

Franz Gremmel ist niedergelassener Internist in Wien.

Isabella Guanzini, geb. 1973, ist Theologin und Hochschullehrerin für Fundamentaltheologie.

Magda Hassan, geb. 1987, ist Autorin und Verlegerin der Edition 5Haus.

Manuel Herder, geb. 1966, ist der Verleger des Verlags Herder und Mehrheitsgesellschafter der Buchhandelskette Thalia.

Andrea Heumann, geb. 1979, ist Geschäftsführerin von Thalia Österreich.

Teresa Hieslmayr, geb. 1975, ist Psychotherapeutin, Theologin und Ordensfrau im Dominikanerinnen-Kloster Kirchberg am Wechsel.

Michael Hofer, geb. 1966, Professor für Theoretische Philosophie an der KU Linz.

Heinz Janisch, geb. 1960, ist österreichischer Kinderbuchautor.

Thomas Köhler, geb. 1966, ist Geisteswissenschaftler sowie Logo- und Psychotherapeut. Zahlreiche interdisziplinäre Publikationen, Österreichisches Ehrenkreuz für Wissenschaft und Kunst.

Ulrich Körtner, geb. 1957, ist evangelischer Theologe und Medizinethiker, seit 1992 Professor für Systematische Theologie (reformiert) an der Universität Wien.

Werner Tiki Küstenmacher, geb. 1953, ist Theologe, Bestsellerautor, Karikaturist, Publizist und Redner.

Michael Landau, geb. 1960, ist römisch-katholischer Geistlicher, bis 2024 Präsident der Caritas Österreich und seit 2020 Präsident der Caritas Europa.

Andrea Lehner-Hartmann, geb. 1961, ist Universitätsprofessorin für Religionspädagogik und Katechetik an der Universität Wien und seit Oktober 2022 Dekanin der Katholisch-Theologischen Fakultät.

Konrad Paul Liessmann, geb. 1953, ist Prof. i. R. für Philosophie an der Universität Wien.

Lukas Mandl, geb. 1979, ist Politiker der ÖVP, seit 2017 Mitglied des EU-Parlaments.

Josef Marketz, geb. 1955, ist Bischof der Diözese Gurk-Klagenfurt.

Gerhard Marschütz, geb. 1956, war bis 2021 außerordentlicher Universitätsprofessor an der Universität Wien.

Christian Marte SJ, geb. 1964, ist Jesuit und Priester, seit 2018 Rektor des Jesuitenkollegs in Innsbruck und seit 2021 Delegat des Provinzials für Erwachsenenbildung der Zentraleuropäischen Jesuitenprovinz.

Tobias Mayer, geb. 1984, Theologe und Literaturwissenschaftler, seit 2024 geschäftsführender Gesellschafter der Buchhandlung Herder in der Wiener Innenstadt.

Sr. Beatrix Mayrhofer SSND, geb. 1948, ist römisch-katholische Ordensfrau aus dem Orden der Schulschwestern und Präsidentin der Vereinigung der Frauenorden Österreichs.

David Novakovits, geb. 1987, ist Universitätsassistent (postdoc) am Institut für Praktische Theologie/Religionspädagogik und Katechetik an der Universität Wien.

Rainer Oberthür, geb. 1961, ist Dozent für Religionspädagogik und Autor von Büchern zu philosophischen, theologischen und biblischen Themen für Erwachsene und Kinder.

Regina Polak, geb. 1967, ist Professorin am Institut für Praktische Theologie der Katholisch-Theologischen Fakultät der Universität Wien.

Barbara Prainsack, geb. 1975, ist Professorin für Politikwissenschaft an der Universität Wien.

Kiri Rakete, geb. 1990, ist österreichische Liedermacherin und Elementarpädagogin.

Andreas Ranner, geb. 1958, Allgemeinmediziner in Wien, seit 2024 im Ruhestand, unterrichtet aber weiter an der Schule für Sozialberufe der Caritas in Wien.

Lena Raubaum, geb. 1984, ist Autorin von Kinder- und Jugendliteratur, Schauspielerin und Sprecherin.

Andreas Redtenbacher, geb. 1953, ist Direktor des Pius-Parsch-Instituts Klosterneuburg und Prof. für Liturgiewissenschaft an der Philosophisch-Theologischen Hochschule Vallendar.

Bernadette Reinhold, geb. 1970, Leiterin des Oskar Kokoschka Zentrums und Senior Scientist am Institut Kunstsammlung und Archiv der Universität für angewandte Kunst Wien.

Jan-Uwe Rogge, geb. 1947, ist Autor, Erziehungsberater und Kolumnist.

Renata Schmidtkunz, geb. 1964, ist evangelische Theologin und Journalistin beim ORF.

Christoph Kardinal Schönborn, geb. 1945, ist Erzbischof von Wien.

Gustav Schörghofer SJ, geb. 1953, ist Jesuit und Priester, Kunsthistoriker und Künstlerseelsorger.

Alois Schwarz, geb. 1952, ist seit 2018 Bischof der Diözese St. Pölten.

Danielle Spera, geb. 1957, ist Kommunikationswissenschaftlerin, Kulturschaffende und Journalistin, war von 2010 bis 2022 Direktorin des Jüdischen Museums Wien.

Ernst Strouhal, geb. 1957 in Wien, ist Autor, Publizist und Kulturwissenschaftler. Er unterrichtet an der Universität für angewandte Kunst Wien.

Jan-Heiner Tück, geb. 1967, Professor für Systematische Theologie an der Uni Wien.

Mira Ungewitter, geb. 1985, ist baptistische Pastorin und seit 2015 bei der »projekt: gemeinde« in Wien.

Alexander Van der Bellen, geb. 1944, ist Wirtschaftswissenschaftler und Bundespräsident der Republik Österreich.

Norbert Walter, geb. 1968, ist Winzer und Politiker der ÖVP, Landesjägermeister und seit 2023 Präsident der Landwirtschaftskammer Wien.

Hubert Philipp Weber, geb. 1969, ist Theologe und Autor; lehrt derzeit in Wien an der Theologischen Fakultät sowie im Rahmen der Bildung für Pädagoginnen und Pädagogen sowie in der Erwachsenenbildung.

Martin Werlen OSB, geb. 1962, war von 2001 bis 2013 der 58. Abt des Klosters Einsiedeln. Seit 2020 ist er Propst der Propstei St. Gerold.

Gerhard Zach, geb. 1958, ist Theologe und seit Jahrzehnten Buchhändler, ab 1987 in der Buchhandlung Herder, die er von 2004 bis 2024 als Geschäftsführer und Gesellschafter gemeinsam mit seinem Bruder Franz Zach führte.

Paul Zulehner, geb. 1939, ist Pastoraltheologe und Priester.

Nachweis

S. 179: »Entdeckung«,
aus: Christine Busta, Salzgärten
© Otto Müller Verlag, 2. Auflage, Salzburg 1979